파일럿 마스터플랜

파일럿 마스터플랜

초판 1쇄 발행 2020년 1월 15일

지은이	theD마스터플랜연구소(이은주)
발행인	조상현
마케팅	조정빈
편집인	김유진
디자인	김희진

펴낸곳	더디퍼런스
등록번호	제2018-000177호
주소	경기도 고양시 덕양구 큰골길 33-170
문의	02-712-7927
팩스	02-6974-1237
이메일	thedibooks@naver.com
홈페이지	www.thedifference.co.kr

ISBN   979-11-61252-38-4 03370

| 더디 | 더디퍼런스 | 마이북 |

파일럿
마스터플랜

theD마스터플랜연구소 지음

더디퍼런스

파일럿을 꿈꾸는 청소년들에게

파일럿(pilot)은 꿈의 직업이다. 공군은 전투기로 나라를 지키며, 여객기 조종사는 탑승객의 안전을 위해 최선을 다한다. 우주를 탐험할 조종사는 생명의 위험도 무릅쓰고, 용감하게 우주선에 탑승한다.

여러분이 마음속에 그리는 파일럿은 어떤 존재인지 궁금하다. 위기의 순간에서 멋진 활약을 펼치는 조종사? 아니면 〈탑건〉에 등장하는 패기 넘치는 전투기 조종사? 혹은 우주 기지에서 실험을 하며 우주선을 수리하는 우주 조종사일지도 모르겠다.

파일럿은 성별과 나이를 떠나 모든 이에게 경외감을 준다. 사람들은 파일럿을 특별하게 여기며, 그 영향력 역시 크다. 청소년에게 꿈과 환상을 심어주고, 하늘빛 야망을 선사한다. 청년기가 되면 파일럿 꿈나무는 드디어 꿈을 실현할 나이가 된다. 자격면허에 도전하고, 항공학과에 입학하거나 사관학교에 지원한다. 또 시간이 흘러 공군에 입대하거나 비행교육원을 선택하기도 한다.

그러나 파일럿은 모두가 선망하지만, 아무나 되긴 힘들다. 파일럿이 되는 길은 유난히 어렵고 혹독한 과정이 기다리고 있어서다. 파일럿이 된 후에도 마찬가지다. 파일럿이란 직분을 유지하려면 수많은 시험과 훈련, 건강검진을 통과해야 한다. 또 빼놓을 수 없는 기본 사항이 있다. 뛰어난 두뇌, 튼튼한 체력, 건강한 몸이다. 여기에 훌륭한 인성과 차분함, 냉정함이 더해져야 한다. 왜 소수의 인원만 선택받는지 궁금한 사람이 있을 거다. 그 이유는 무엇일까?

첫째, 상상과 현실의 차이가 크다.

막상 항공학과에서 들어가 공부하면, 파일럿 지망생은 큰 혼란을 겪는다. 늘 상상하던 낭만적인 모습은 없고 머리 아픈 수업만 계속된다. 어릴 적부터 조종사가 전투기를 모는 멋진 모습에 반해 항공학도가 됐다면, 학과 과정은 현실과 충돌하는 시간이다. 명석한 두뇌와 뛰어난 감각으로 항공학도 과정을 별문제 없이 통과하는 사람도 있을 거다. 그러나 모든 항공학도가 우등생은 아니기에 어려움이 있다.

둘째, 선택에 따른 어려움이 뒤따른다.

파일럿이 되려면, 꽤 오랜 시간의 비행시간을 채워야 한다.

공군에 입대하면 12~15년이 넘는 복무기간을 지켜야 한다. 10년이면 강산도 변하는 시간이다. 이때 자신에게 질문해 봐야 한다. 인생의 중요한 시간을 과연 파일럿 공부를 위해 투자할 자신이 있냐고 말이다. 답을 정했다면 그다음은 선택이 기다린다. 사관학교나 공군에 지원할 것인가, 아니면 비행훈련원에 가야 할 것인가 하는 문제다.

　사관학교나 공군에 들어간다면, 자신을 군대 조직에 맞춰야 할 자신이 있어야 한다. 자유로운 생활에 익숙하다면, 상하 계급이 뚜렷한 군대 생활은 큰 혼란으로 다가올 수 있다. 군대 생활에 적응하지 못해 파일럿을 포기하는 일도 있기 때문이다. 비행훈련원을 선택할 경우 물질적인 부담이 크게 돌아간다. 교육 비용이 억 단위여서 부모님께 부담이 될 정도이다. 물질적 여유가 있다면, 비행훈련원을 선택해도 된다. 하지만 그렇지 않다면, 사관학교나 공군에 입대해서 나라에서 제공하는 교육의 기회를 놓치지 말아야 한다.

　셋째, 끊임없이 시험을 요구받는다.

　어렵게 항공사 기장이나 부기장이 되어도 긴장의 끈을 놓을 수 없다. 파일럿은 정기적으로 시험과 훈련, 건강검진을 요구받는 직업이기 때문이다. 일정 기준에서 떨어진다면, 파일럿 자격이 박탈될 위험이 높아진다. 그러므로 파일럿은 긴장감을 유지한 채 공부와 훈련을 하고, 건강과 체력을 유지해야 한다.

마지막으로 항공학도가 되고 싶은 사람에게 당부할 말이 있다. 파일럿은 미리 준비할수록 이득이 되는 직업이다. 학생으로서 공부에 충실하면서, 항공 관련 지식을 틈틈이 익히길 바란다. 영어와 항공 전문 용어를 배우고, 항공 정비에 이르는 다양한 지식을 넓힌다면 항공학과에 들어가서 당황하지 않을 거다. 그리고 건강에 대한 당부다. 먼저 시력이 나빠지지 않도록 노력해야 한다. 온라인 게임이나 SNS는 적당히 하며, 절제하는 삶을 살아야 한다. 그러면서 건강과 체력을 지켜나가는 노력이 필요하다.

이 책이 파일럿을 꿈꾸는 여러분에게 작은 도움이 되기를 바란다.

theD마스터플랜연구소

차례

1장
파일럿은
어떤 직업이지?

파일럿이란
누구인가?

새처럼 날고 싶은 인간의 꿈

하늘을 나는 것은 인류의 오랜 꿈이었다. 비행기가 발명되기 전까지, 인간은 한없이 부러운 눈으로 자유롭게 하늘을 날아다니는 새들을 올려다보았다.

그리스 신화에는 새의 깃털을 이용해 날개를 만든 발명가 다이달로스가 나온다. 미노스왕의 명령으로 한 번 들어가면 다시는 빠져나올 수 없는 미궁 라비린토스를 만들었다. 하지만 아리아드네에게 미궁 탈출법을 말한 죄로 아들 이카로스와 함께 미궁에 갇히게 된다. 다이달로스가 날개를 만든 이유는 미궁에서 탈출하기 위해서였다. 다이달로스는 미궁을 나가기 전에 아들 이카로스에게 당부한다. 태양 가까이 날면 밀랍이 녹으니 조심하라는 말이었다. 그러나 신나게 하늘을 날던 이카로스는 아버지의 당부를 까맣게 잊고 말았다.

결국 그는 태양 가까이로 갔고 밀랍이 녹아 바다에 떨어져 죽고 만다.

인류의 간절한 꿈은 시간이 흘러 이뤄졌다. 그 꿈을 가장 먼저 이룬 이들은 라이트 형제였다. 라이트 형제는 동력 비행기를 만들어 인류 최초로 하늘을 날았다. 라이트 형제의 도전을 시작으로 세계의 항공 산업은 눈부신 발전을 하게 되었다. 비행기는 비행기 조종사(파일럿)의 등장을 이끌었다. 자동차를 몰 때 운전사가 필요하듯, 비행기 역시 조종사가 필요하다. 비행기 조종사에는 어떤 직업이 있을까?

승객의 안전을 책임지는 기장

비행기를 타면 꼭 듣게 되는 목소리가 있다. 바로 비행기 조종사인 기장의 목소리다. 기장은 안내방송을 통해 승객에게 인사하고, 승객이 알아야 할 정보를 차분하게 알려준다. 승객은 각자의 자리에 앉아서 정보를 듣는다. 기장은 안정된 목소리로 비행기의 고도, 시속, 도착할 공항과 시간을 안내한다. 그리고 현재 기상의 상태와 기류에 관해서도 얘기한다. 기류의 영향으로 비행기가 흔들릴 수 있다거나, 이륙 시에는 좌석벨트를 착용하라는 당부 사항까지 말이다.

기장은 왜 이런 안내방송을 하는 걸까? 그건 기장이 승객의 안전을 책임지는 조종사이기 때문이다. 기장은 항공기 안의 최고 책임자로서 비행기의 이륙과 비행, 착륙에 이르기까지 모든 것을 책임진다. 이런 기장의 책임을 그대로 보여주는 실화가 있다.

2009년 미국 뉴욕에서 승객과 승무원 155명을 태운 비행기가 평소처럼 비행을 시작했다. 그런데 이륙하자마자 새 떼에 부딪혀 비행기 날개 밑에 위치한 엔진 두 개가 고장이 나 그대로 추락할 위기에 놓였다. 설리(체슬리 설렌버거의 호출명이자 애칭) 기장과 부기장은 가까운 공항에 가는 대신, 허드슨강으로 향했다.

항공기가 강에 잘못 착륙하면 항공기가 뒤집히거나 반으로 쪼개져 승객이 사망할 위험이 매우 높아진다. 이런 위험한 상황에서도 설리 기장은 허드슨강에 무사히 비상착륙했다.

이 모습을 본 근처에 있던 배들이 서둘러 인명구조를 위해 달려왔다. CCTV 영상으로 남아 있는 비상착륙 모습은 보기만 해도 아찔하다. 자칫 도심 한복판에 추락해 대형 사고를 낼 뻔했으나 설리 기장의 노련한 실력으로 누구 하나 다치지 않은 기적적인 사건이었다. 이 일은 영화 〈설리: 허드슨강의 기적〉으로 만들어지기도 했다.

우주를 향해 도전하는 우주 비행사

지구에 사는 인류는 늘 우주를 동경했다. 밤에는 하늘에 뜬 수많은 별을 보며 우주의 신비를 꿈꾸고, 아침과 저녁에 어김없이 뜨고 지는 태양의 현상에 놀라워했다. 호기심 강한 인류는 끊임없이 우주의 비밀을 풀려고 애썼다. 그 노력은 헛되지 않았다. 안경을 만들던 네덜란드인 한스 리퍼세이가 1608년에 망원경을 만든 것이다.

이 소식을 들은 갈릴레이는 그 원리를 이용해 1609년에 자신만의 망원경을 만들었다. 그 결과 인류 역사상 최초로 천체를 관측하기 시작했다. 이런 혁명적인 기술로 인해 인류는 전과는 다른 꿈을 꾸게 됐다. 우주로 직접 나아가는 일이었다. 처음으로 인공위성을 보냈던 구소련은 다음 시도로 '라이카'라는 유기견을 태워 보냈다.

- 최초의 인공위성 스푸트니크 1호(구소련, 1957년 10월 4일)
- 유기견을 태워 보낸 스푸트니크 2호(구소련, 1957년 11월 3일)

그다음으로 우주 비행사가 우주선에 몸을 실었다. 경쟁국인 미국이 뒤를 잇고, 2003년에 중국이 성공했다.

- 인류 최초의 우주 비행사 유리 가가린과 보스토크 1호(구소련, 1961년 4월)
- 미국 최초의 우주 비행사 존 글렌과 프렌드십 7호(1962년 2월 20일)
- 중국 최초의 우주 비행사 양리위와 선저우 5호(2003년 10월 15일)

이같은 최초의 기록이 주목을 받긴 하지만, 이런 결과를 만들기까지는 많은 실패와 아픔을 겪었을 것이다. 그 실패에는 우주 비행사의 거룩한 희생도 있었다. 여러분도 알다시피, 우주 비행의 위험부담은 꽤 높은 편이다. 우주 방사선 노출은 둘째치더라도, 기체 결함으로 우주선이 폭발할 위험을 감수해야 한다. 그러나 우주 비행사에 도전하는 이들은 두려움을 무릅쓰고 우주를 향한 도전을 계속해 나가고 있다.

우주 비행사라고 하면 뭔가 엄숙한 기분이 든다. 인류를 위해 생명을 걸고 우주에서 헌신하기 때문이다. 우주 비행사는 어두운 우주에서 우주복에 둘러싸인 채로 있지만 가치 있는 일을 한다. 우주선 안에서 우주 연구와 실험, 행성 탐사, 인공위성 수리, 우주 정거장 점검 등의 일이다.

하늘을 수호하는 공군

국가에는 군대가 있다. 땅을 지키는 육군, 바다를 지키는 해군, 하늘을 지키는 공군. 군대는 국가의 기본인 국민과 땅, 바다, 하늘을 지킨다.

공군의 목표는 첫째, 전쟁을 억제한다. 둘째, 영공을 방위한다. 셋째, 전쟁에서 승리한다. 넷째, 국익 증진과 세계평화에 기여한다. 그렇다면 공군이 맡은 일은 무엇일까? 공군의 임무는 항공 작전이다. 공군은 항공 작전을 위해 군인을 조직하며, 무기·장치·시설을 준비한다. 그리고 조종사를 키우는 데 필요한 교육과 훈련을 담당한다.

전쟁이 없는 나날이 이어지면 공군은 평화를 유지해야 할 책임이 생긴다. 항상 적의 침입을 감시하고, 완벽한 준비 태세를 유지해야 한다.

생각하기 싫은 일이지만, 만약 전쟁이 일어난다면 공군은 어떤 일을 하게 될까? 공중에서 벌어지는 전투에서 싸워야 한다. 전투력은 물론, 정보 전쟁에서도 이겨야 한다. 그리고 적의 전쟁 의지를 없애고, 동시에 육군과 해군의 작전을 돕는 역할을 수행한다.

파일럿이
하는 일

사람들은 저마다 조종사에 대한 이미지가 있다. 멋진 전투기 조종사, 책임감 강한 여객기 기장, 경비행기나 헬기를 조종하며 각자의 직업에서 빛을 발하는 조종사들이다. 여러분의 마음속에는 어떤 조종사가 자리 잡았을까? 영화에서 본 장면들을 떠올려 보자.

공군 영화라면, 선글라스를 끼고 지 슈트(G-suit)를 입은 채 전투기 앞에 서 있는 조종사를 떠올릴 수 있다. 혹은 전투기 조종석에 앉아 속도감을 즐기는 모습이 그려질지도 모르겠다. 실화를 바탕으로 한 여객기 조종사의 영화를 보았다면, 리더십 있는 기장이 기억에 남을 것이다. 제1, 2차 세계 대전을 소재로 한 영화에선 적군을 격추하기 위해 쫓고 쫓는 공중전이 펼쳐진다. 승자가 있다면 패자도 있는 법, 둘 중 하나는 검은 연기를 내며 추락한다.

이 장에서는 파일럿이 하는 일에 대해 알아보려고 한다. 파일럿의 종류는 다양하며 하는 일도 제각기 다르다. 사람들이 타는 비행기를 조종하는 여객기 조종사에 대해 알아보자. 여객기 조종사는 탑승객과 화물을 싣고 다니며 국내는 물론이요, 세계를 여행한다.

여객기의 이륙과 비행

여객기 조종사는 비행 전에 기상 상황을 면밀히 분석한다. 눈, 비, 바람, 안개, 구름, 기온 등은 항공기를 운항할 때 비행에 영향을 미친다. 예를 들자면, 이륙을 무사히 한 항공기가 어떤 문제로 인해 출발한 공항으로 되돌아온다고 치자. 착륙을 하려고 보니 바람이 강해 복행 즉, '고 어라운드(Go Around)'를 해야 하는 상황이다. '고 어라운드'란 비행기가 착륙 시도에 실패한 뒤 다시 새로운 시도를 위해 방향을 고쳐 잡는 걸 말한다.

조종사는 착륙을 시도하면서도 관제탑과 끊임없이 노탐(NOTAM: Notice To Airman)을 챙겨 듣고 있다. 노탐은 항공 정보로 항공기의 안전 운항에 꼭 필요한 정보를 담고 있다. 마치 끊임없이 업그레이드 돼서 정보를 제공하는 자동차 내 비게이션과 같다.

이제 이륙 준비 상황을 알아보자. 여객기 조종사가 이륙시에 할 일은 항로, 목적지, 연료량, 항공기 상태, 조종실 시스템 파악 등이다. 여객기를 책임지는 기장은 이런 내용을 승무원에게 설명하는데, 이것을 브리핑이라고 한다. 승무원은 이런 회의를 바탕으로 승객을 안내하고 돕는 서비스를 한다.

이륙 준비가 끝났으면 조종사는 관제탑과 교신한다. 관제사가 이륙을 허가하면 조종사는 관제사가 허락한 출구로 항공기를 움직인다. 조종사가 활주로에 도착하면 속도를 최대치로 높여 땅 위를 빠르게 달린다. '쉬이잉' 하고 엔진이 크게 돌아가는 소리가 나면 항공기는 어느새 두둥실 하늘에 떠 있다.

하늘을 오르는 아찔한 기분이 느껴지는 순간이 바로 이때다. 비행기 타는 걸 좋아하는 사람은 신나는 표정으로 창밖을 볼 것이다. 하지만 비행이 무서운 사람들은 간담이 서늘한 기분을 느끼기도 하고, 발가락이 간질거리거나, 닭살이 돋거나, 심장이 답답해짐을 느끼기도 한다.

하늘길 찾아가기

하늘에는 비행기가 다니는 길이 있다. 다른 말로 항로라고 부른다. 비행기 상식이 어느 정도 있는 사람은 알고 있겠지만, 그렇지 않은 사람은 의문이 들 수 있다. '하늘에는 찻길에 세워놓은 표지판이나 신호등이 없는데, 어떻게 길을 찾아가지?'라고 말이다. 맞다. 푸르고 드넓은 하늘에는 눈으로 구별할 만한 그 어떤 신호도 없다.

그럼 여객기 조종사는 어떻게 하늘길을 찾아가는 걸까? 웨이포인트(Way Point)를 찾아가면 된다. 웨이포인트는 국제

민간 항공기구(ICAO)에서 정한 제도로, 항로의 주요 지점 사이에 있는 중간 지점을 말한다. 하늘길에는 위도와 경도로 된 특정 좌표에 고유한 이름이 붙어 있다. 그래서 그 이름을 기준으로 조종사는 길을 찾아가는 것이다. 하늘의 내비게이션이라고 보면 된다.

여기에 빠져서는 안 될 게 있다. 바로 교통관제사의 도움이다. 조종사는 비행을 마칠 때까지 교통관제사와 수시로 소통을 해야 한다. 만약 조종사가 이를 무시하면 어떤 일이 벌어질까? 항공기 충돌이라는 위험이 뒤따른다. 왜냐하면 하늘길에는 여러 국적의 수많은 항공기가 날아다니기 때문이다. 그러므로 조종사와 교통관제사와의 긴밀한 연락은 안전을 위해 꼭 필요하다.

안전한 착륙

항공기의 이륙과 착륙 시에 조종사들이 느끼는 긴장감은 최고조에 달한다고 한다. 승객을 태운 여객기를 안전하게 운항해야 한다는 책임과 압박감이 무겁게 느껴지는 순간이기 때문이다. 도착할 공항이 가까워지면 조종사는 교통관제사의 안내대로 착륙할 준비를 한다.

이때 항공기는 속도를 줄이고 점점 아래로 하강한다. 조종사는 항공기의 바퀴(랜딩기어)를 꺼내서 활주로를 따라 착륙한다. 기상 조건이 따라 준다면 안정적으로 지면에 내려온다. 그러나 예측하지 못한 강풍이 불면 항공기는 곡예비행을 해야 한다. 항공기 몸체가 좌우로 흔들리고, 머리 부분이 바람에 의해 들리게 되는 일도 있다. 불안하게 보이겠지만 염려하지 않아도 된다. 능숙한 조종사의 실력이 받쳐준다면 안전하게 착륙할 수 있다. 반대로 강풍으로 착륙이 어려운 상황이라면, 조종사는 앞에서 말한 고 어라운드를 택한다. 그런 후에 착륙을 다시 시도해야 한다.

비행기의 착륙에는 펌 랜딩, 소프트 랜딩이 있는데, 펌 랜딩(Firm Landing)은 거칠게 착륙하는 걸 말하고, 소프트 랜딩(Soft Landing)은 부드러운 착륙을 의미한다. 사람들은 쿵! 하는 거친 소리를 내며 착륙하는 펌 랜딩을 좋지 않게 생각한다. 왜냐하면 항공기가 크게 흔들리면 몸으로 진동이 오기 때문이다. 그러나 이건 오해다. 펌 랜딩은 안전을 위한 방법으로 조종사가 택하는 착륙 방법이다. 부드럽게 착륙하면 그만큼 활주로 위에서 멈추기가 힘들어지고 더 오래 달려야 한다. 반대로 쿵쾅거리며 거칠게 착륙하면 활주로에서 제동거리가 짧아진다.

착륙 완료 후

잠시 흥미로운 얘기를 하자면, 비행기가 멈춰 서서 짐과 승객을 싣거나 이동하기 위해 방향을 바꾸거나 하는 지역인 계류장을 영어로 에이프런(Apron)이라고 한다. 앞치마, 혹은 '앞으로 나온 무대'라는 뜻이다. 인천공항의 계류장을 보면 정말 앞치마를 펼쳐놓은 것 같다. 마치 앞치마 끝부분에 대롱대롱 매달려 있는 모습이랄까.

이제 착륙한 후의 얘기로 들어가 보자. 여객기는 착륙 후 유도로를 지나 계류장으로 향한다. 조종사는 승객이 안전하게 내릴 준비가 되면 탑승구를 연다. 탑승구가 열리면 승객들은 짐을 챙겨서 항공기를 떠난다. 만족스러운 비행이었다면 승객은 웃음 띤 얼굴로 승무원과 인사를 한다.

승객은 여객기에서 언제나 친절한 승무원을 만난다. 그런데 조종사를 보는 건 흔치 않은 일이다. 만약 조종사를 보게 된다면 운이 좋은 편이다. 이럴 때는 그냥 지나치지 말고, 감사한 마음으로 인사를 건네 보라. 따뜻한 인사는 비행기를 안전하게 운행한 조종사에게 큰 힘이 된다.

착륙이 완료됐다고 해서 조종사의 일이 끝난 건 아니다. 조종사는 운항일지를 기록한다. 비행 중에 발생한 기계 문제나 이상 현상 등을 정비부서에 알려야 하기 때문이다. 항공사와 조종사가 중요시하는 건 첫째도 둘째도 안전이다.

이제 조종사의 일은 여기서 모두 끝나는 것일까? 그다음으로 조종사가 해야 하는 일을 살펴보자.

조종사는 평소에 무엇을 할까?

첫 번째는 훈련이다. 조종사는 자기 관리를 잘해야 하는 직업이다. 그래서 운항이 없을 때도 훈련을 한다. 그중 하나가 시뮬레이션 훈련이다. 시뮬레이션이란 실제와 비슷한 환경에서 시험해 보는 일이다. 항공사에는 '운항 훈련 교육장'이 있는데, 회사마다 다른 이름으로 불리겠지만 하는 일은 같다.

콕핏 시뮬레이터는 조종사의 훈련에도 사용하지만, 일반인이 비행을 체험하는 용도로도 쓰인다. 콕핏(Cockpit)은 우리말로 비행기 조종석을 뜻하는데, 실제처럼 운항 연습이 가능하다. 놀랍게도 내부 구성의 역할과 생김새가 항공기 조종석과 거의 똑같다. 만약 시뮬레이터 조종석에 앉는다면 누구든 진짜 조종사가 된 듯한 기분을 느낄 수 있다. 이륙과 비행, 착륙 등의 느낌이 현실과 같아서 조종사가 실전 감각을 익히는 데 도움을 준다.

두 번째는 영어 공부다. 조종사는 영어 공부를 한시도 게을리하면 안 된다. 이는 관제탑과 원활한 소통을 위해서다. 조종사는 세계 곳곳을 다니며, 여러 나라의 관제사와 의사소통을 한다. 만약 조종사의 영어 실력이 부족하다면 어떤 일이 생길까? 관제사와 원활하게 소통을 할 수 없어서 무척 곤란해지거나 아찔한 비상상황을 겪게 될 수도 있다.

세 번째는 체력 단련이다. 조종사의 건강은 그 무엇보다 중요하며, 아무리 강조해도 지나치지 않다. 그럼 왜 이렇게 조종사의 건강을 강조하는 걸까? 그건 조종사가 항공기의 총책임자이자 전 승객의 생명을 책임지는 사람이기 때문이다. 그래서 건강한 몸 상태를 늘 유지해야 한다. 실제로 항공사에서 여객기 조종사를 모집할 때는 시력이나 체중에 제한 규정이 있다.

참고로 항공사에서는 정기적인 검사와 평가를 한다. 예를 들어 신체검사와 학술평가, 시뮬레이터 체크 등을 의미한다. 조종사는 검사와 평가에서 통과하기 위해 철저하게 자기를 관리해야 한다.

파일럿의
직업적 성격

　파일럿은 신화 속 이카로스가 이루지 못한 꿈을 현실에서
이뤄낸 존재이다. 파일럿은 다른 직업은 감히 누리지 못하는
자유를 누린다. 그 자유란 조종석에 앉아서 항공기를 조종하
며, 하늘과 땅 아래의 풍경을 구경하는 일이다.

　항공기는 어디든 날아간다. 사막과 바다를 건너고, 구름바
다를 날아가고, 황홀한 오로라와 별 무더기 사이를 비행한다.
그리고 깊은 산과 계곡도 넘고, 해가 뜨고 지는 풍경도 본다.
업무를 하면서 이런 광경을 보는 건 행운이다. 아니 신의 축
복이라 말해도 부족함이 없다.

　일반인이 보기에 파일럿은 하늘을 나는 일을 하는 전문 직
업이다. 그도 그럴 것이 수많은 계기와 장치에 둘러싸인 조종
사의 업무를 잘 알지 못하기 때문이다.

　파일럿은 군대, 항공사, 경찰, 소방, 인명구조 등 여러 분

야의 일을 한다. 이 중에서 대표적인 성격의 파일럿의 업무를 살펴보자.

최첨단 무기를 다루는 파일럿

우리나라는 일제 강점기의 고통을 채 털어버리기도 전에 한국전쟁이라는 큰 아픔을 겪었다. 이념 때문에 같은 민족끼리 싸워야 했던 가슴 아픈 시기였다. 유엔군이 참전하고, 중공군까지 나서면서 전쟁은 격렬해졌다. 수많은 군인이 희생당하고 피해를 입은 참전국이 늘어나고, 많은 나라의 피해가 어마어마해지자 마침내 전쟁을 멈추고 휴전을 했다. 그 결과 우리나라에는 군사분계선인 휴전선이 생겼다.

외부로부터 우리 자신을 지킬 힘은 군사력에서 나온다. 과거에는 군인과 무기를 얼마나 갖고 있느냐가 전쟁의 승패를 가르는 기준이었다. 일대일로 직접 맞부딪히는 전쟁을 했기 때문이다. 하지만 이제는 군사력을 얼마나 현대화했느냐가 중요하다. 예를 들어 제2차 세계 대전 때 사용했던 전투기를 지금 사용하지 못하는 것처럼 말이다.

모든 물건이 그렇듯 무기도 시간이 흐르면 역시 낡아진다. 그 성능이 약해지는 것 또한 예상할 수 있다. 따라서 나라가 부강하고 군사력이 대단하다고 증명하는 일은 최첨단 무기를 얼마나 보유했느냐에 달렸다.

최첨단 무기의 상징은 군대가 보유한 항공기다. 파일럿은 이런 항공기를 조종하면서 국가와 국민을 지키는 임무를 수행한다. 따라서 그 책임이 막중하다. 한 시험비행 조종사는 비행 전에 늘 가족과 통화를 한다고 한다. 어쩌면 지금이 마지막 비행일지도 모른다는 생각에서다. 나라를 위해 자신의 생명을 기꺼이 바칠 준비를 하는 이들의 숭고한 정신에 존경을 표한다.

에어쇼 전문가

블랙이글스는 우리나라의 공군 특수 비행팀이다. 블랙이글스란 이름에서 느껴지듯 이들이 하는 일은 예사롭지 않다. 블랙이글스는 환상적인 에어쇼를 공중에서 벌인다. 에어쇼란, 비행기가 공중에서 펼치는 곡예비행이다. 블랙이글스는 모두 8대의 항공기를 편대로 운영한다. 그들의 묘기는 보기만 해도 아찔하며 심장을 두근거리게 만든다.

블랙이글스는 서로 날개를 부딪칠 듯 가깝게 날면서 특수한 모양을 만든다. 나란히 8대가 날면서 하늘을 솟구쳐 오르고, 멋진 대형으로 아래로 떨어진다. 그리고 서로 엇갈리게 날아가거나 빙글빙글 도는 등 곡예비행을 아주 자연스럽게 해낸다.

마치 사람이 붓으로 선을 그리는 것처럼 말이다. 얼마나 연습을 했기에 저렇게 한 치의 오차도 없이 움직이는 걸까. 보기만 해도 탄성이 터져 나온다. 에어쇼를 보려고 모인 관람객도 놀라움을 금치 못한다. 카메라를 가져온 관람객들은 하나라도 놓치지 않으려 셔터를 눌러댄다.

2017년 3월 21일, 말레이시아에서 열린 국제해양항공전(LIMA 17) 개막식에서 블랙이글스는 이글(Eagle) 대형, 레인폴(Rainfall), 하트 앤 큐피드(Heart & Cupid), 빅토리 브레이크(Victory Break), 태극 문양 등 자랑스러운 공연을 펼쳤다. 이외에도 국가의 중요 기념일과 다양한 행사가 있을 때마다 블랙이글스는 진가를 발휘한다.

하늘에 뜬 경찰의 눈

설날과 추석이 되면 민족의 대이동이 시작된다. 떨어져 사는 친척을 만나기 위해 사람들은 선물을 잔뜩 싣고, 가족과 함께 길을 떠난다. 명절 휴일이 짧다면 고속도로는 거대한 주차장이 된다.

늘 그런 건 아니지만 사람들이 모인 곳에는 작거나 큰 사고가 벌어진다. 교통사고가 나거나, 일부 몰지각한 사람은 도로에서 불법을 저지르기도 한다. 사람들이 공공질서를 지키고 범죄를 짓지 않으면 좋겠지만, 세상에는 다양한 사람이 모여서 산다. 의도치 않게 사고가 나는 경우도 있고, 작정하고 범죄를 저지르기도 생긴다. 그래서 경찰이 필요하다.

경찰은 사회 질서를 유지하고 국민의 안전과 재산을 보호하는 일을 한다. 경찰 헬기는 공중에서 경찰의 눈이 된다. 명절뿐만 아니라 평상시에도 항공 카메라를 이용한 고속도로 관리, 교통 감시, 범인 공중 추적, 실종자 공중 수색, 인명구조, 산불 진화 등의 일을 한다.

산불, 꼼짝 마!

큰불이 산을 집어삼키면 수십, 수백 년 된 나무와 야생동물, 이름 모를 생물과 아름다운 자연환경이 크게 훼손된다. 민간인, 공무원, 군인이 협력해서 불을 끄는 것에는 한계가 있다. 경사가 가파르고 지형이 험악한 곳은 사람의 손길이 닿지 않기 때문이다. 물론 소방차의 접근도 쉽지 않다. 그럴 때는 소방헬기가 나서서 산불을 진화한다.

소방헬기는 근처 저수지나 강에서 물을 채우고 산불이 난 곳으로 향한다. 그리고 활활 타오르는 지점을 정확히 찾아 물을 쏟아낸다. '촤아아' 하고 거대한 물줄기가 불길 속으로 떨어진다. 한번 물을 쏟아낸 곳은 산불이 눈에 띄게 줄어든다. 물탱크가 텅 빈 소방헬기는 다시 물을 채우기 위해 돌아가고, 바로 뒤에서 쫓아오던 다른 소방헬기가 산불을 진화한다. 한두 번이 아니라 불이 꺼질 때까지 이 과정을 반복한다.

산불의 규모가 크다면 산림청만 나서는 게 아니다. 경찰청, 소방방재청, 해양경찰청까지 나선다. 이 국가기관 소방헬기는 산불뿐만 아니라 불이 난 곳이면 어디든지 찾아간다. 불이 번지면 우리의 소중한 재산은 한순간에 잿더미로 변한다. 그래서 위기 앞에 모두가 협력하는 것이다.

생명을 살리는 활동

조종사는 이외에도 여러 업무를 맡아서 수행한다. 그중 하나가 인명구조다. 생명을 구하는 일보다 중요한 것은 없다.

헬리콥터는 위급할 때마다 동에 번쩍 서에 번쩍 하면서 등장한다. 마치 영화 속 히어로처럼 말이다. 소방헬기는 언제 주로 쓰일까?

첫 번째, 산에 부상당한 사람이 있을 때 출동한다. 부상을 당한 사람은 꼼짝하지 못할 정도이고 곁에 있던 친구들이 119에 연락을 한다. 마음처럼 소방헬기가 빨리 오지 않아 초조하더라도, 이럴 때는 기다려야 한다. 무리해서 다친 사람을 업고 내려가면 더 큰 사고를 당할 수 있기 때문이다. 내려가기 어려운 거친 산세가 아니더라도 절대 다친 사람을 움직이게 하면 안 된다. 몸의 부상 정도를 정확히 모르기 때문이다. 사람을 구하려고 몸에 충격을 주면 부상이 더 심해질 수도 있다. 척추가 손상된 상태라면 나중에 온몸이 마비되어 움직이지 못할 수도 있다. 이때 소방헬기는 더 심한 부상 없이 안전하게 환자를 병원까지 이송할 수 있다.

두 번째, 큰불이 났는데 건물에서 대피하지 못한 사람이 있을 때이다. 건물 전체를 휘감은 불길은 계속 위로 올라가고 탈출할 길도 막힌 상황이다. 계단은 시커먼 연기가 올라와서 숨쉬기조차 힘들다. 살려면 옥상으로 올라가야 한다. 옥상에 도착하자 여러 사람이 옷을 흔들며 구조를 기다린다. 그때 저 멀리서 소방헬기가 날아온다.

세 번째, 응급환자를 옮겨야 하는 상황이다. 섬이나 병원이 없는 지역에 사는 응급환자는 일분일초가 중요하다. 아무리 빠른 배나 차도 소방헬기의 속도에는 비할 바가 못 된다. 소방헬기는 바다를 건너고 고속도로를 지나서 응급환자를 치료할 수 있는 대형병원으로 바로 갈 수 있다. 이런 기동력으로 인해 위급한 환자가 있어 몸의 장기를 옮겨야 할 때도 소방헬기는 큰 도움을 준다.

이외에 바다에서 조난사고를 당했을 때도 마찬가지다. 배가 침몰하기 직전 골든타임에 맞춰 오는 소방헬기는 생명을 지키는 마지막 선택이 될 만큼 중요한 임무를 띤다.

날아다니는 앰뷸런스로 불리는 '닥터헬기'는 중요한 역할을 톡톡히 하고 있다. 또한 최근 진화형 소방헬기가 등장했다. 서울시의 다목적 중대형 소방헬기이다. 이 소방헬기에는 불을 진화하는 기능과 최첨단 응급실의 기능이 있다.

자연을 지키기 위해

인간은 자연과 더불어 살기 위해 받은 만큼 베풀어야 한다. 자연이 주는 대로 받기만 하고 아무것도 돌려주지 않는다면, 우리가 사는 이 지구는 얼마 지나지 않아 결국 황폐해지고 말 것이다.

산림청 조종사는 무슨 일을 할까? 항공 방제, 씨앗 뿌리기, 야생동물 먹이 주기 등 자연을 보호하는 중요한 일을 한다. 항공 방제란 농작물의 병해충을 예방하거나 없애는 일이다. 산림청 헬기는 넓게 펼쳐진 논과 밭, 소나무나 밤나무 군락에 농약을 뿌린다. 사실 항공 방제는 위험하다. 전봇대에 이어진 전깃줄이나 울창한 수풀의 나뭇가지에 걸려 추락할 위험이 크기 때문이다. 이런 상황으로 인해 산림청 헬기 조종사는 한시도 긴장을 늦추지 않는다. 무인헬기와 드론이 항공 방제를 돕지만, 그 도움은 아직 미비한 수준이다. 산 속에서 하는 항공 방제는 아직 인간이 직접 하는 것에 따라가지 못한다.

씨앗 뿌리기, 야생동물 먹이 주기는 유익한 활동이다. 산에서 나는 작물이 갈수록 줄어들자 지방자치 단체는 삼, 더덕, 도라지와 같은 작물의 씨앗을 헬기로 뿌리고 있다. 야생동물 먹이 주기도 같은 뜻에서 하는 일이다. 겨울에 먹이 구하기가 쉽지 않은 야생동물을 위해 사료, 옥수수 등을 주는 것이다.

파일럿의 직업 특징과
필요한 능력

초음속으로 날아가는 공군 전투기, 하늘에 에어쇼를 펼치는 공군의 블랙이글스, 하늘길을 찾아가며 안전운항을 하는 여객기, 저수지에 떠서 물탱크를 채우는 소방 헬리콥터 등의 조종사들은 조종석에 앉아서 항공기를 조종한다. 곁에서 지켜보면 늘 해오던 일처럼 차분한 모습이다. 기종마다 다양한 항공기를 조종하는 조종사를 보면 그저 놀라울 뿐이다. 어떤 이들은 조종사들의 능력을 '신의 영역에 도전하는 일'이라 비유할 정도다.

조종사들은 어떻게 항공기를 조종할 능력을 갖추게 된 걸까? 결론부터 말하자면, 조종사에게 필요한 공부와 고된 훈련을 잘 이겨낸 대가이다. 조종사가 되려면 기본적으로 건강한 몸과 강한 체력, 뛰어난 두뇌와 빠른 판단력이 필수다.

최고의 신체 조건

조종사에 대해 잘 모르는 사람도 아는 상식이 있다. 몸 상태가 좋아야 한다는 사실이다. 조종사가 되려면 비만, 고혈압, 알레르기 질환, 당뇨 등의 질병이 없어야 한다. 공군이나 여객기를 조종하는 제1종 조종사가 되려면 1.0 이상의 원거리 시력이 있어야 한다. 조종사가 되길 원하는 사람이라면 이 정보를 가볍게 지나치면 안 된다.

청소년 여러분은 미래의 꿈나무다. 무엇을 꿈꾸어도 이상하지 않을 나이이다. 만약 여러분이 조종사를 꿈꾼다면 삶의 방식을 조금 바꿔야 할 필요가 있다. 왜냐하면 파일럿은 다른 직업에 비해 건강이 중요한데, 건강은 하루아침에 만들어지는 것이 아니기 때문이다. 무엇보다 습관이 중요하다.

요즘에는 재밌는 게임과 웹소설, 웹툰, SNS 등 볼거리가 넘쳐난다. 스마트폰을 손에서 떼지 못할 정도다. 게임을 위해 컴퓨터에 앉으면 감쪽같이 시간이 지나가 버린다. 이런 재미에 푹 빠지면 조종사가 되는 길은 점점 어려워진다. 스마트폰을 보는 시간이 늘어나면 시력이 나빠질 수 있기 때문이다. 이미 나빠진 시력을 되돌릴 수 있는 방법은 많지 않다. 그러므로 애초에 시력을 나쁘게 만드는 습관은 버리는 게 좋다. 그리고 약한 몸을 튼튼하게 할 체력을 기르자. 운동과 규칙적인 습관이 기본이다.

강인한 체력 시험

조종사를 극한의 상태로 몰고 가는 훈련이 있다. 바로 중력가속도 내성 강화 훈련이다. 전투기를 조종할 때 조종사에게 생기는 문제를 예방하기 위한 훈련이다. 전투기가 초음속의 상태로 진입하면, 중력가속도(G)가 높아진다. 이것을 견디지 못하면 조종사는 정신을 잃고 시력 이상 현상을 겪는데, 실제로 추락 사고가 나기도 한다. 그래서 이런 불상사를 피하기 위해 중력가속도를 극복하는 훈련을 한다.

조종사는 인체에 주는 충격을 줄여주는 지 슈트(G-Suit)를 입고, 특이한 호흡법으로 중력가속도를 견뎌야 한다. 그런데 이게 말처럼 쉽지 않다. 사람마다 다르지만 어떤 사람은 몸무게의 6배(6G)의 중력을 받기도 전에 정신을 잃는다. 영상으로 보는 조종사의 모습은 처참하다. 눈이 풀리고, 얼굴 피부가 아래로 처지고, 입까지 힘없이 벌어진다. 몸무게의 6배(6G)에서 최대 9배(9G)가 넘는 무게를 극복하는 훈련은 정말이지 초인적인 힘이 요구된다.

가수 겸 배우인 정지훈(비)은 중력가속도 훈련을 받은 적이 있다. 〈알투비 R2B:리턴 투 베이스〉란 영화를 찍기 전에 훈련을 했는데, 실로 대단한 기록을 냈다. 6배(6G)를 성공하고 나서 뒤이어 9배(9G)까지 통과한 것이다. 며칠에 걸린 일이 아니라 단 하루에 벌어진 일이다. 이런 경우는 조종사의 1%에 해당하는 기록이라 한다. 흔히 접하지 못하는 특별한 예라고 하겠다.

뛰어난 판단력

항공기가 하늘을 날면 예측하기 힘든 일이 벌어지곤 한다. 기상 상황, 활주로 상태, 항공기 상황, 테러를 하려는 승객, 조류 충돌 등 안전운항을 위협하는 요소가 많기 때문이다. 실제로 사고가 일어나더라도 조종사는 침착함을 잃지 말아야 한다. 조종사는 항공기 책임자이기 때문에 최대한 냉정함을 유지해야 상황을 이성적으로 대처할 수 있기 때문이다. 만약 조종사가 흥분해서 제대로 대처하지 못한다면 항공기 추락으로 이어질 수도 있다.

2018년 5월 15일 중국에서 생긴 일이다. 쓰촨항공 소속의 류촨젠 기장은 충칭에서 출발해 라싸로 가고 있었다. 항공기 기종은 에어버스 A319였다. 류촨젠 기장은 출발한 지 1시간 만에 청두의 하늘에서 아찔한 상황과 마주쳤다. 조종실 부기장의 앞 유리창이 덜컥 깨져서 떨어져 나간 것이다. 순간 부기장의 몸은 이미 창밖으로 반 이상 나가 있었다. 안전벨트를 매지 않았더라면 꼼짝없이 죽을 위기였다.

류촨젠 기장은 정신을 차리고 부기장을 안으로 끌어들였다. 몸이 얼어붙는 추위와 바람이 조종석에 가득했다. 압력이 급격히 떨어져 고막에 이상이 오고, 얼음장 같은 손으로 겨우 조종간을 잡았다. 설상가상으로 계기판이 얼어서, 관제탑과의 통신도 불가능했다. 류촨젠 기장은 아무 소리도 듣지 못한 채 오직 감으로만 항공기를 조종했다.

류촨젠 기장은 자신을 믿고 오직 눈으로만 항공기를 조종했다. 수평계를 의지하면서 말이다. 그렇게 류촨젠 기장은 20분 만에 안전하게 공항에 착륙했다. 류촨젠 기장의 대처로 탑승객 128명은 모두 무사했다.

파일럿의 실수로 생긴 일

앞에서 조종사의 뛰어난 대처능력을 살펴봤다면, 이번에는 조종사의 실수로 일어난 사고를 보겠다. 2015년 2월 4일 대만에서 GE234 추락 사고가 일어났다. 이 사고로 승객 43명 이상이 사망했다. 문제의 항공기는 푸싱항공(현재 트랜스아시아항공)이었는데, 사고 모습이 달리던 자동차의 블랙박스에 찍혀 그대로 전 세계 톱뉴스로 나왔다.

영상에 찍힌 항공기는 중심을 잃은 채 고가도로에 떨어졌다. 거대한 항공기가 배 부분을 드러낸 채 사선으로 추락하는 모습이었다. 항공기는 왼쪽 날개 끝부분으로 지나가던 택시와 고가도로 벽면을 치고 하천으로 추락했다.

추락 원인은 무엇이었을까? 사고 후 블랙박스를 조사한 결과가 나왔다. 랴오 기장은 2번 엔진을 껐어야 했는데, 그만 잘 동작하고 있는 1번 엔진을 꺼버린 것이다. 1번 엔진은 다시 작동하지 않게 되고 말았다.

이 사건을 보시다시피 조종사의 작은 실수 하나에도 승객의 생명이 위태로워진다. 그러므로 조종사는 어떤 경우에도 긴장을 늦추지 말고 안전한 운항에 임해야 한다.

잘못된 판단

1980년 8월 19일, 사우디아항공 163편 화재 사고가 벌어졌다. 이 사고는 블룸버그 통신이 밝힌 역대 최악의 항공기 사고 6위로 기록되어 있다. 사고 장소는 사우디아라비아의 리야드이고, 항공기 기종은 록히드 L-1011 트라이스타였다.

사우디아라비아 항공 소속의 항공기 163편은 이륙 후 화물칸에서 화재가 발생했다. 기장은 화재 경고음을 듣고도 화재 원인을 찾느라 4분간의 소중한 시간을 헛되이 써버렸다. 공항으로 되돌아가는 도중에 설상가상으로 엔진까지 멈췄지만, 기적적으로 비상착륙에 성공했다.

문제는 착륙 직후였다. 기장은 항공기를 급히 멈추고, 승객들을 비상 탈출 시키지 않았다. 어찌된 영문인지 항공기는 활주로 끝에 있는 유도로에 가서 멈췄다. 항공기의 문이 열리거나 승객이 탈출하는 등의 일은 끝내 일어나지 않았다. 기장이 연료탱크를 잠그지 않고 엔진도 끄지 않아, 항공기는 화염으로 휩싸이기 시작했다. 돌이키지 못할 정도로 불이 붙어 항공기 윗부분이 모두 타버렸다. 이 사고로 한국인 4명을 포함해 승객 301명 전원이 사망하고 말았다. 나중에 승객의 사망 원인을 조사했는데, 결과는 질식으로 나왔다.

이렇듯 조종사의 순간 판단력은 절대적으로 중요하다. 여러 사고에서 보듯, 조금만 늦게 대처해도 무척 위험하다.

필요한 능력

조종사에게 필요한 능력은 책임감, 사명감, 빠른 판단력과 대처 능력이다. 그리고 시야를 넓게 보는 공간 지각력도 필수다. 항공기 조종은 전적으로 계기에 의지하는 게 아니라 조종사가 직접 눈으로 보며 해야 할 때도 많기 때문이다. 그 밖에도 조종사는 운송, 지리, 물리, 통신에 대한 지식이 있어야 한다.

공군 조종사는 나라와 국민의 생명을 보호해야 하며, 여객기 조종사는 수백 명의 생명을 지켜야 한다. 이 책임과 약속을 지키기 위해 조종사는 스스로 몸 관리를 해야 한다. 자신의 몸을 지키는 일이 곧 승객을 지키는 일이기에 그렇다. 전 세계를 다니는 탓에 조종사는 시차 적응을 해야 한다. 그리고 술·담배를 멀리하며 체중 관리에 들어가야 한다.

몸 관리에 엄격한 또 다른 이유는 조종사 자격을 유지하기 위해서다. 파일럿은 1년에 한 번씩 진행하는 다양한 신체검사에 대비해야 한다. 그 밖에도 학술 평가와 실전 비행 평가, 영어 시험 등이 있다. 이렇다 보니 조종사의 부담감은 엄청나다. 하나부터 열까지 쉬운 게 없다.

항공기 추락 사고들을 살펴보면, 조종사의 역할이 얼마나 중요한지 알 수 있다. 얼핏 보면 항공기를 조종하는 일이 단순해 보일지도 모른다. 그러나 조종사는 그 이상의 가치를 실현하는 직업이다. 바로 생명을 지키는 일이다.

항공 역사를 장식한 이들

비행기를 통해 하늘을 나는 일이 자유로워지자, 사람들은 다른 목표를 향해 나가기 시작했다. '대서양 횡단은 누가 먼저 할까?', '최초의 여성 조종사는 누가 될까?' 등의 기록 경쟁이었다. 치열한 기록 경쟁이 시들해지자 비행기는 전쟁에서 모습을 드러냈다. 운송수단, 정찰, 감시, 기록 등의 역할을 하던 비행기는 점차 전쟁 무기가 되었다.

비행기는 조종사에 의해 그 성격을 부여받는다. 뉴욕에서 파리를 처음으로 횡단한 비행기, 곡예 비행기, 화물 비행기, 전투기 등처럼 말이다. 여기에 소개될 조종사들은 항공 역사의 한 장면을 장식한 이들이다. 큰 꿈과 목표가 이들을 조종사로 만들었다고 생각한다. 짧게나마 그들의 삶을 엿보며 그 가치를 되새겨 보자.

▶ 만프레트 폰 리히트호펜(Manfred von Richthofen)
- 출생-사망: 1892~1918년
- 국적: 독일
- 성별: 남성

만프레트 폰 리히트호펜은 독일의 전설적인 에이스 조종사다. 제1차 세계 대전에 참전한 조종사 중에 가장 유명한 사람을 대라면, 바로 이 사람이 꼽힐 것이다. 귀족 출신, 금발 머리, 준수한 외모와 탁월한 조종 솜씨, 80대 이상의 비행기 격추, 뜨거운 인기 등 그를 설명하는 수식어조차 화려하다. '붉은 남작'이란 별명은 그가 붉은색 포커삼엽기를 조종하는 모습에서 붙여졌다.

그는 군인으로서 신사다운 면을 지녔는데, 예를 들어 쫓던 연합군 비행기가 추락하면 더는 공격하지 않았다고 한다. 그 때문에 공격당한 연합군 조종사들은 운 좋게 목숨을 건지기도 했다. 전설적인 인물이었던 그는 1918년 4월 21일 전투 중에 사망했다. 그의 매력적인 캐릭터는 영화나 애니메이션을 통해 이따금 만날 수 있다.

▶ 베시 콜먼(Elizabeth Bessie Coleman)
- 출생-사망: 1892~1926년
- 국적: 미국
- 성별: 여성

최초의 '여성 비행사'이다. 베시 콜먼은 흑인인데, 당시에는 인종 차별이 심각했다. 심지어 흑인은 백인과 같은 공간에 머물러서도 안 됐다. 버스나 화장실은 물론, 교회 등의 공공 장소에서도 따로 분리된 공간을 이용해야 했다.

비행기 조종사의 꿈을 키우던 그는 미국에서 비행 교육을 받을 만한 학교를 찾지 못해 결국 유럽으로 갔다. 유럽에서 꿈에 그리던 비행기술을 배우고 '곡예비행 조종사'가 되었다. 여성 최초로 에어쇼에 참가해 멋진 실력을 선보이기도 했으나, 비행기 추락 사고로 명을 달리했다. 낡은 비행기와 정비 불량이 그 이유였다.

▶ 아멜리아 에어하트(Amelia Earheart)
• 출생-사망: 1897~1937년
• 국적: 미국
• 성별: 여성

여성 최초로 대서양을 단독으로 횡단하는 데 성공했다. 그러나 에어하트는 이에 만족하지 못했다. 군의 도움을 받아서 다른 남자 조종사와 함께 이룬 결과였기 때문이다. 에어하트는 또 다른 원대한 꿈을 꾸었다. 1937년 실행한 세계 일주 비행이었다.

불행하게도 그가 몰던 비행기는 태평양 한가운데서 연락이 두절되고 말았다. 샅샅이 수색을 벌였지만, 추락한 비행기와 유해조차 찾지 못했다. 에어하트에 관한 이야기는 많지만 공식적으로 확인된 바는 없다. 에어하트가 남긴 말이 있다.

"다른 사람들이 할 수 있거나 할 일을 하지 말고, 다른 이들이 할 수 없고 하지 않을 일을 하라."

이 말을 통해 그의 빛나는 도전정신을 엿볼 수 있다.

▶ 앙투안 드 생텍쥐페리(Antoine de Saint Exupéry)

• 출생-사망: 1900~1944년
• 국적: 프랑스
• 성별: 남성

생텍쥐페리는 유명한《어린 왕자》의 작가로 잘 알려져 있다. 그는 조종사의 삶을 살면서 글을 썼다. 군대에서 조종을 배운 뒤, 제2차 세계 대전에 참전해 정찰 비행을 했고, 우편 비행기를 조종하는 조종사로 살았다. 그가 남긴 업적은 항공 우편을 나르기 위해 새로운 항로를 개척하고, 최초로 야간 비행을 시도한 것이다. 북서아프리카·남대서양·남아메리카가 주요 활동 무대였다.

문학을 사랑했던 그는 조종사 경험을 살려 소설《남방 우편기》와《야간비행》,《전시 조종사》등을 썼다. 그리고 죽기 직전까지 항공사진을 촬영했던 것으로 알려져 있다. 그는 1944년 7월 비행을 하다가 실종되었는데, 1990년에 그의 유품으로 보이는 비행기 부품이 발견되었다.

▶ 찰스 린드버그(Charles Augustus Lindbergh)
- 출생-사망: 1902~1974년
- 국적: 미국
- 성별: 남성

찰스 린드버그는 최초로 대서양 횡단에 성공했다. 그는 고도계와 계기판이 없는 비행기를 타고 미국 뉴욕에서 프랑스 파리로 향했다. 그는 조종간을 꼭 잡고 잠을 자거나, 편안히 먹거나 쉬지도 못한 채 비행기 조종을 했다. 단독 비행, 무착륙의 원칙을 지키려고 목숨을 걸고 조종했다. 최첨단 항공기에 익숙한 사람이라면, 이 당시의 비행기를 검색해 보는 것도 좋겠다.

1927년 5월 21일, 린드버그의 비행기가 파리에 도착했다. 총 33시간 32분이 걸린 대단한 비행이었다. 이 역사적인 비행으로 그는 세계에서 유명한 영웅이 됐다.

▶ 에리히 하르트만(Erich Alfred Hartman)
- 출생-사망: 1922~1993년
- 국적: 독일
- 성별: 남성

제1차 세계 대전의 에이스가 붉은 남작(만프레트 폰 리히트호펜)이라면, 제2차 세계 대전의 에이스는 에리히 하르트만이다. 하르트만은 제2차 세계 대전 중 동부전선(러시아)에서 활약해 슈퍼에이스, 격추왕이라는 호칭을 얻었다. 적군의 전투기를 무려 352기나 격추한 기록을 세웠기 때문이다. 무시무시한 격추 기록과는 달리 그의 외모는 소년처럼 순진해 보였다. 동료들은 그의 외모 때문에 아기라는 뜻으로 '부비'라고 불렀다. 반면 러시아군은 그를 '우크라이나의 검은 악마'라고 불렀다.

전쟁이 끝나자 하르트만은 소련 감옥에서 10년의 세월을 보냈다. 그 뒤 독일로 돌아와 다시 공군이 된 그는 1970년 대령으로 퇴역했다.

2장
내가 파일럿이
되기까지

파일럿 능력
들여다보기

　항공 용어 숙지, 영어 사용, 항공기 조종능력, 관제탑과의 소통, 기장(Captain)과 부기장(Fist officer)과의 협업 등 조종사가 하는 일은 모두 대단해 보인다. 그도 그럴 것이 일반인은 접근도 하기 어려운 항공기를 조종하니까 말이다. 이쯤 해서 질문이 떠오른다. 과연 조종사는 처음부터 조종 기술을 타고 났을까? 대답은 'No'이다.

　조종사가 되려면 머리가 좋아야 하지만, 천재적인 두뇌를 요하는 것은 아니다. 어쩌다 남다른 감각으로 선두에 서는 사람도 있다. 그러나 어려움 없이 훈련과정을 통과하고, 두려움 없이 조종석에 앉고, 항공 용어를 순식간에 외우는 사람은 없다. 끊임없는 노력이 더해져야 가능한 일이다. 모든 일이 그렇듯 세상에 쉬운 일은 없다. 조종사가 되려면 '연습과 반복' 외에 다른 방법은 없다.

멀티태스킹

'멀티태스킹'은 다중 업무 수행이라는 뜻이다. 이 용어처럼 조종사가 하는 일을 잘 표현하는 말은 없다. 조종사는 한 번에 세 가지 일을 해낸다.

여객기 착륙을 예로 들어 보겠다. 부기장이 여객기를 몰고 제주공항에 착륙하려고 한다. 제주공항은 윈드시어(돌풍)로 유명하다. 부기장은 긴장한 채로 착륙을 위한 작업을 수행한다. 그러면서 관제탑의 교통관제사와 교신한다. 교통관제사가 안내하면 그 지시 사항을 지키며 여객기를 착륙시킨다. 고도를 내리고 공항의 활주로를 찾아간다. 그러나 윈드시어가 강하게 불어 여객기의 좌우 날개가 요란하게 움직인다. 이대로 가면 사고가 날 위험이 크다. 기장은 즉시 고 어라운드를 결정한다. 기장과 부기장은 손발을 맞춰 고 어라운드를 선택하고 수행한다.

한 번에 하는 세 가지 일이란 무엇일까? 첫째, 조종사가 착륙을 위해 여객기를 조종하는 것이다. 조종간을 잡고, 여러 계기를 실수 없이 조종한다. 둘째, 교통관제사와의 교신이다. 조종사는 계기를 조종하면서 관제사와 막힘없이 대화를 나눠야 한다. 셋째, 기장과 부기장 간의 협력이다. 기장과 부기장간의 마음이 맞아야 운항이 안전하다.

여러분은 이런 과정을 어떻게 생각하는지 궁금하다. '여객기를 조종하는 것만으로도 복잡한데, 관제사와 기장과 부기장이 협력까지 해야 하다니.' 하고 너무 어렵다고 생각할 수도 있다.

자기통제 능력

조종사는 리더(지도자)이다. 항공기의 맨 앞자리인 조종석에서 조종하며, 승객과 승무원의 안전을 책임지는 사람이다. 때론 지도자라는 책임이 무겁게 여겨질 수도 있다. 그러나 그 책임을 감당해야 한다. 왜냐하면 기장과 부기장 외에는 아무도 조종사의 짐을 대신 지어줄 사람이 없기 때문이다.

그렇다면 조종사가 지녀야 할 덕목은 무엇일까? 바로 사명감, 책임감, 집중력, 절제력, 침착성, 지구력 등이다. 가장 중요한 것이 '자기통제 능력'이다. 별로 대수롭지 않게 느껴질 수도 있다. 조종사의 '자기통제 능력'이 발휘되는 때를 알면 이해가 쉬울 것이다.

2018년 4월 17일 미국에서 일어난 일이다. 사우스웨스트 항공 1380편 보잉 737기가 뉴욕 라과디아공항에서 이륙했다. 이 여객기에는 승객과 승무원까지 포함해 149명이 타고 있었다. 그런데 운항한 지 20분 만에 상공에서 왼쪽 날개의 1번 엔진이 폭발했다. 그 충격으로 기체에 구멍이 나고, 기압이 급격히 내려갔다. 깨진 유리창 사이로 한 여성 승객이 빨려 나갈 뻔했다가, 주변 승객들이 겨우 붙잡았다. 비상벨이 울리고 모든 자리마다 노란 산소마스크가 내려왔다.

이때 여객기의 슐츠 기장은 무엇을 하고 있었을까? 침착하게 관제탑과 교신 중이었다. 비상착륙할 곳을 찾고 곧 필라델

피아공항으로 가는 직행 허가를 받았다. 관제탑과의 교신 내용을 들으면 슐츠 기장이 얼마나 차분히 대응했는지 알 수 있다. 1번 엔진이 폭발하고, 사람이 빨려 나갈 뻔했다는 내용을 언급할 때는 관제사가 오히려 당황했다고 한다.

만약 슐츠 기장이 심약한 사람이었다면 어떤 일이 벌어졌을까? 갑작스런 사고로 당황하고, 사람이 다쳤다는 사실에 좌절해서 여객기를 조종할 의지까지 상실했을지 모른다. 그랬다면 승객 전원이 무사하기 힘들었을 것이다. 아무튼 슐츠 기장은 무사히 비상착륙에 성공했다. 불행하게도 여성 승객 1명은 사망했으나, 나머지 148명의 목숨은 구했다. 이 사고로 인해 슐츠 기장은 제2의 설리라는 별명을 얻게 됐다.

기상 이변에 대처하는 능력

조종사는 기상 정보를 꼼꼼히 보고 운항 준비를 한다. 그런데 예정에도 없던 우박과 폭우가 쏟아진다면 어떻게 대처해야 할까? 기상 이변을 탐지조차 못 하는 장비 탓을 하며 시간을 보내야 할까, 아니면 상황에 빨리 대처하는 게 옳을까.

누구나 답을 알고 있다. 상황 대처가 늦을수록 위험해지기에 신속하게 결정을 내려야 한다. 여기 기상 이변에 잘 대처한 기장이 있어 소개한다. 2017년 7월 27일 터키항공의 에어버스 A320은 아타튀르크공항을 떠나자마자 큰 사고를 당했다. 이륙한 지 10분 만에 우박을 맞아 조종석 앞 유리가 모두 깨지고 만 것이다. 갑자기 벌어진 일이었다. 우박과 폭우, 강풍까지 불어 여객기의 안전이 위태로워졌다.

올렉산드르 아코포프 기장은 결단을 내렸다. '공항으로 다시 돌아가자!' 아타튀르크공항으로부터 회항 허가를 받은 아코포프 기장은 불가능에 도전하기로 했다. 그러나 조종석 앞이 문제였다. 조종석 앞면이 전혀 보이지 않았기 때문이었다. 30년 경력의 조종사인 아코포프 기장도 긴장했다.

유일하게 보이는 건 작은 옆 유리뿐이었다. 말도 안 되는 일이었으나 아코포프 기장은 옆 유리를 보면서 착륙을 시도했다.

아코포프 기장은 결국 무사히 착륙에 성공했다. 기적 같은 일이었다. 아코포프 기장의 놀라운 솜씨로 승객 121명은 무사했다. 이 소식은 아코포프 기장의 고향인 우크라이나에도 전해졌다. 우크라이나 대통령은 감사를 표하면서 그에게 '용기의 훈장'을 수여했다.

롤 모델 찾아보기

조종사를 꿈꾼다면 롤 모델을 찾아보길 바란다. 조종사에 대한 지식이 없는 상태라면 꽤 도움이 될 것이다. 롤 모델이 설리 기장이라면 비행기 사고에 얽힌 기사나 동영상 등의 자료를 어렵지 않게 접할 수 있다. 흥미가 더 생긴다면 조종과 관제탑 사이의 교신 내용까지 찾아보고 싶을 것이다. 꼬리에 꼬리를 무는 관심사를 끝까지 집요하게 쫓아가면 남들보다 높은 수준의 항공 지식을 갖게 된다.

▶ 여성 조종사 - 태미 조 슐츠 기장

슐츠 기장은 흔치 않은 여성 기장 중 한 사람이다. 슐츠 기장은 전투기 조종사 출신이다. 앞서서 언급한 2018년 사우스웨스트항공 1380편 보잉 737기 사고 때는 1번 엔진이 폭발했음에도 침착함을 유지했다. 그 침착함의 비결은 아마 군에서 쌓은 경험 덕분인 것 같다.

슐츠 기장은 1983년 대학을 졸업하고 미 공군에 지원했다. 그러나 공군은 여성 조종사에 대한 편견과 차별이 심했다. 입대 거부를 당한 슐츠 기장은 포기하지 않고 해군에 입대했다. 그래서 FA-18 호넷 전투기를 조종한 최초의 여성 조종사 중 한 명으로 기록되었다.

이 글을 읽는 여학생 여러분도 당당하게 꿈을 꾸기 바란다. 태미 조 슐츠 기장처럼 편견과 차별을 이기는 멋진 여성이 되길 바란다.

▶ 남성 조종사 - 최재승 기장

최재승 기장은 우리에게 가장 친숙한 조종사다. 파일럿 분야에 관심이 있는 학생이라면 이미 그에 대해 들어봤을 것이다. 최재승 기장은 베테랑 조종사이자 진로 멘토로 유명하다. 그의 이력을 살펴보자면, 그는 공군사관학교를 졸업하고 공군에서 전투기 조종사로 13년간 근무했다. 현재는 아시아나항공에서 B-777 기장으로 근무 중이다.

최재승 기장의 활동이 두드러지는 이유는 꾸준한 활동 때문이다. 조종사 활동만으로도 바쁠 법도 한데, 강의도 하고 책도 집필하는 등 활발하게 활동하고 있다. 그는 청소년들에게 파일럿에 대한 정확한 정보를 제공하기 위해서 글을 쓰기 시작했다고 한다. 그가 쓴 책으로는《비행유학 진로탐색》,《진짜 공신들만 아는 파일럿, 정비사, 승무원 마스터플랜》,《하늘을 날고 싶다면 파일럿》,《스카이 챌린지》,《파일럿의 진로탐색 비행》등이 있다.

▶ 장애를 극복한 조종사 - 제시카 콕스와 최영재

제시카 콕스는 양발로 경비행기를 조종하는 조종사로 유명하다. 제시카는 태어날 때부터 양팔이 없이 태어났다. 하지만 장애는 제시카를 주저앉히지 못했다. 제시카는 발을 손처럼 쓰는 법을 배웠다. 불굴의 의지로 안 되면 되게끔 노력하고 또 노력했다. 그래서 젓가락으로 밥을 먹고, 피아노를 치고, 태권도 대회에 나가고, 운전도 했다.

경비행기 조종석에 앉은 제시카는 누구보다도 행복해 보인다. 조종간을 양발로 잡은 모습은 우리에게 메시지를 주는 듯하다. 그 모습을 보는 사람마다 그 의미를 달리 해석하겠지만, 긍정적인 메시지가 읽힌다. "용기 내서 도전하세요! 어떤 상황에서도 낙담하지 말고요. 저처럼 말이에요."라고 말이다.

최영재 씨는 휠체어 조종사로 불린다. 제시카처럼 최영재 씨에게도 장애가 있는데, 소아마비로 인해 세 살 때부터 다리를 쓰지 못했다. 평범한 직장인의 삶을 살던 최영재 씨에게 어느 날 도전을 부르는 뉴스가 들려왔다. 제시카 콕스의 비행 소식이었다. 최영재 씨는 자극을 받아서 50세에 비행기 조종에 도전했다.

그 결과 경비행기 조종사 자격증을 따냈다. 미국에서 장애를 가진 아시아인 가운데 처음으로 한 일이라고 한다. 착륙 후 온전히 양팔의 힘으로 조종석에서 나오는 최영재 씨를 보면 경외심이 든다. 조종사가 되겠다는 꿈과 의지 하나로 모든 어려움을 이겨냈으니 말이다. 휠체어는 결코 최영재 씨를 땅에 묶어 놓지 못했다.

파일럿이 되는 길
① 진로 체험

우리는 어떤 대상이 궁금할 때, 포털사이트나 블로그, 동영상 사이트의 검색창을 찾는다. 검색 결과로 나오는 이런 저런 정보들을 살펴보면 어느 정도 알 수 있다. 그러나 찾는 주제가 전문적일 경우에는 정보가 너무 부족하다. 인터넷을 검색해도 나오지 않을 때가 많다. 인터넷 검색으로도 찾을 수 없거나 정확하지 않은 정보에 대해서는 관련 책을 찾아 읽는다. 전문 지식을 찾을 때 책보다 유용한 매체는 없다. 간접 체험의 경험도 제공하니 일석이조의 효과도 분명히 있다.

그렇다면 다음으로 해야 할 일은 무엇일까? 직접 진로 체험을 해보아야 한다. 머리로 생각한 일과 직접 몸으로 부딪쳐 아는 현장은 다른 법이다. 지금부터 각 기관에서 운영하는 파일럿 관련 진로 체험 교실을 알아보자.

국토교통부 '청소년 항공교실' [*]

국토교통부의 캠프 프로그램으로는 공통 프로그램과 각 차수로 나눈 프로그램이 있다. 예를 들어, 1, 2차수(청주), 3, 4차수(김포), 5, 6차수(김포), 초등학교 5, 6학년은 1, 3, 5차수 이며, 중학교 1, 2, 3학년은 2, 4, 6차수로 되어 있다.

공통 프로그램으로는 드론 교실 I(조립 및 이론), 드론교실 II(조종), 드론대회, 루키파일럿이 있는데, 루키파일럿의 항공이론교육, 제작, 날리기 실습으로 비행기의 구조와 조종 방법을 배운다.

강의 프로그램과 항공 진로 직업체험도 있다. 장소는 차수 마다 다르며, 강의 프로그램은 항공 진로 직업특강(초·중학교) 으로, 공군 조종사를 직접 초청해서 공군 조종사가 되는 방법을 배울 수 있다.

1, 2차수(청주)

항공 진로 직업	내용	장소	비고
항공생리학자	• 중력가속도/비행 착시 견학 • 저산소실 견학 • 전투기 비상 탈출 견학	공군 항공우 주의료원	항공생리 학자 설명

• 　국토교통부 청소년 항공교실 http://skyl.airportal.go.kr/aeroclass/attend_process.do

공군사관학교 진학	• 공군사관학교 소개 • 공군사관학교 생도 와의 만남	공군사관학교 대강당	공군사관생도 설명
공군 조종사	• 비행 시뮬레이션 체험	공군사관학교 비행 시뮬레이 션실	공군 조종사 설명
공군 종사자	• 박물관 견학	공군사관학교 박물관	공군 종사자 설명
공군 조종사	• 제212 비행교육대 대 견학	제212 비행교 육대대	〃
공군	• 모의 비행훈련실 견학	공군사관학교 모의 비행훈련 실	〃

※ 현장 상황에 따라 프로그램 내용은 변경된다.

3, 4 차수(김포)

항공 진로 직업	내용	장소	비고
대한항공	• 대한항공 소개	OC 센터	대한항공 직원 설명
민간 조종사	• 계류장 견학 • 비행 조종사 시뮬 레이션 체험	운항 훈련센터	민간 조종사 설명
항공정비사	• 대한항공 정비센 터 견학	대한항공 격납고	항공정비사 설명
운항관리사	• 종합통제실 견학	대한항공 OC센터	운항 관리사 설명

항공 진로 직업	내용	장소	비고
객실 승무원	• 객실 승무원 훈련 센터 견학 • 객실 서비스 체험	객실 승무원 훈련센터	객실 승무원 설명
공항 근무자	• 김포공항 공항전망 대 견학	김포공항 전망대	공항 근무자 설명

※ 현장 상황에 따라 프로그램 내용은 변경된다.

5, 6 차수(김포)

항공 진로 직업	내용	장소	비고
아시아나 항공	• 아시아나항공 소개	교육 훈련동 강당	항공사 직원 설명
민간 조종사	• 비행 조종 시뮬레 이션 체험	운항훈련동 비행 시뮬레 이터실	민간 조종사 설명
운항관리사	• 운항관리실 견학 및 체험	안전운항동 종합통제센터	운항관리사 설명
객실 승무원	• 객실 승무원 훈련 센터 견학 • 객실 서비스 체험	교육훈련동 객실 승무원 훈련센터	객실 승무원 설명
항공사 직원	• 아시아나항공 역사 체험	교육훈련동 박물관	항공사 직원 설명
공항 근무자	• 김포공항 공항 전망대 견학	김포공항 공항 전망대	공항 근무자 설명

※ 현장 상황에 따라 프로그램 내용은 변경된다.

구분	일정
참가 접수	4월 23일(화) ~ 4월 29일(월), 7일간
추첨	5월 2일(목) 14:00
발표	5월 2일(목) 17:00
참가비 입금/추가정보 입력	5월 2일(목) ~ 5월 7일(화) 16:00, 5일간
합격자 최종 확인	5월 7일(화) 18:00

※ 참가 신청별 접수 마감일(4월 29일)이 지나면 신청 접수가 불가능하다.
※ 합격자 발표 후 참가비 미입금 및 추가정보 미입력 시 불합격 처리된다.

• 참가 방법: 참가 신청 일정(추첨제)
• 참가 신청 자격: 초등학교 5, 6학년/중학교 1, 2, 3학년이
  면서 2004~2008년생까지 청소년은 누구나
※ 자세한 내용은 국토교통부의 '청소년 항공교실' 홈페이
  지를 참조

KAI '에비에이션 캠프' (주)한국항공우주산업●

캠프 프로그램으로 신기한 항공 이야기, 관찰학습, 체험학습, 이론학습이 있다.

구분	내용	시간
관찰학습	우리나라 유일의 항공기 제조업체인 KAI 항공기동과 격납고등에서 이루어지는 항공기 제조현장 체험·견학	70분
체험학습	에비에이션 센터 2층 체험 학습관에서 이루어지는 항공기 제조체험·항공기 시뮬레이터 체험훈련 (제트엔진의 원리, 양력의 원리, 비행조종의 원리, 항공기 설계, 산화와 환원, 항공기 소재, 비파괴검사, 파스칼의 원리, 코리올리효과, 자이로원리, 리벳팅, 시뮬레이터 체험 등)	70분
이론학습	항공기에 적용되는 수학, 과학 과정을 학교 교과과정과 연계한 프로그램으로 이론과 함께 다양한 실험·실습을 통해 학교에서 배운 원리를 알아보고 실험하는 프로그램 (양력의 원리, 파스칼 원리, 산화와 환원, 전자기유도, 헬기의 원리, PAV)	70분
수료	1일, 5시간 학생 과정	10분

●   KAI 에비에이션 캠프 http://www.kaicamp.com/html/mn08/0801.php

- 모집 기준: 학교, 기관단체
- 대상자: 중·고등학생
- 운영 규모: 1회 40명(25명 미만 시 폐강)
- 예약/접수: 인터넷 접수/확정
- 교육 시간: 5시간(항공기 제작공장/체험 학습관/항공박물관/이론 수업)

※ 자세한 내용은 KAI '에비에이션 센터' 홈페이지를 참조.

한국공항공사● '내 꿈을 띄우는 하늘 캠프'

국토교통부와 KAI는 홈페이지를 통해 정기적으로 인원을 모집하고 캠프를 운영한다. 그러나 한국 공항공사는 언제 캠프를 열지 모르니 주의 깊게 살펴봐야 한다. 한국공항공사의 블로그를 이웃으로 추가해서 정보를 주기적으로 확인하자.

- 모집 기간: 2019. 11. 19(화)~2019. 11. 29(금) *선착순 마감
- 대상자: 청소년(중학생) 30명
- 참가비: 없음
- 신청 방법: 신청서 다운로드 및 작성 후 제출
- 제출처: (우편) 서울시 강서구 하늘길 78 한국공항공사 사회공헌혁신센터

● 한국공항공사 블로그 blog.naver.com/prkac

(이메일) kac_csr@airport.co.kr

- 문의처: 한국공항공사 사회공헌혁신센터(02-2660-4587)
- 캠프 일정: 2019. 12. 05. (목)~12. 06(금) [1박 2일]
- 캠프 장소: 김포공항 및 항공기술훈련원(청주)
- 프로그램: 오리엔테이션, 김포공항 및 공항 전망대 견학, 공항 속 직업 찾기, 종이비행기 제작, 멘토 특강, 레크리에이션, 도전 골든벨 등

※ 모든 프로그램에 빠짐없이 참여한 참가자에 한해 수료증을 발급한다.

공군사관학교 역시 '항공우주캠프'●를 정기적으로 모집하며 홈페이지 신청도 가능하다. 일회성의 진로체험이 아쉽다면, '한국항공소년단'●●에 가입하는 방법도 있다. 부모님의 허락을 받고 회비를 납부해야 하지만, 멋진 진로 탐색의 기회를 제공받는 장점도 있다.

'한국항공소년단'이 되면, 항공우주 이론교육, 항공기 제작 현장 견학, 항공우주 관련 교육 프로그램, 항공우주 캠프 및 국제행사 등을 두루 체험할 수 있다.

● 공군사관학교 항공우주캠프 www.afa.ac.kr/user/indexMain.action?siteId=spacecamp
●● 한국항공소년단 www.yfk.or.kr

파일럿이 되는 길
② 교육 기관

조종사가 되는 방법을 찾다 보면 여러 자료를 접하게 된다. 공군이 되는 방법, 여객기 조종사가 되는 방법, 일반 대학에 다니면서 공군이 되는 방법, 다른 학과를 나와도 조종사가 되는 방법 등의 자료가 인터넷에 나온다. 호기심에 정보를 접하는 사람은 주춤거릴 수도 있다. 기존의 직업들과 다른 점이 많기 때문이다.

조종사에 대해 잘 모르는 사람도 알 만한 사실이 있다. 조종사가 되려면 돈, 시간, 노력이 많이 필요하다는 것이다. 최소 1억 5천만 원에서 2억 원의 비용이 든다. 예상을 뛰어넘는 비용에 놀라 머릿속이 복잡해질지도 모르겠다. 그러나 공군 '조종 특기'를 받거나 공군 '조종 장학생'에 지원해 합격하면 비용 부담 없이 조종사가 되는 게 가능하다.

공군사관학교 입학

공군사관학교는 공군 장교를 기르기 위해 세운 4년제 군사학교다. 공군사관학교에 가면 4년간 생도 생활을 하고, 졸업하는 사람은 학사 학위를 받고 공군 소위로 임관(사관후보생 또는 사관생도가 장교로 임명)된다. 그 후 공군에 남을지, 아니면 민간 항공사에 갈지 결정한다.

공군사관학교에 입학할 때 '조종 특기'를 받으면 조종사가 되기 위한 비용 문제가 해결된다. 좋아하는 항공기를 타면서 나라를 위해 일할 수 있다. 단점은 공군사관학교는 조종사를 위한 교육시설이 아니라 공군 장교를 키우는 군사학교라는 점이다. 군인은 엄격한 규칙을 따라야 하며 행동에 제약이 있다. 비행 훈련 또한 혹독하다. 단순히 조종사가 되기 위해서 공군사관학교에 가면 낭패를 볼 가능성이 있다. 자신이 군 생활에 맞는지 꼼꼼히 확인한 후에 지원하는 것이 좋다.

그리고 임관 이후 '조종 특기'의 의무복무기간은 15년이다. 비행시간을 충분히 쌓는다는 장점이 있지만, 15년이란 긴 시간을 감당해야 한다. 참고로 군 생활 중에 운송용 조종사 면장(조종사 면허)을 획득해야만 민간 항공기 조종사가 될 수 있다.

특수목적대학인 공군사관학교는 일반대학의 전형과는 별도로 진행되며 육군, 해군 사관학교 및 국군간호사관학교를 제외한 타 대학의 지원 여부와 상관없이 중복 지원이 가능하다. 사관학교에 최종 합격하면 4주간의 기초 군사훈련과정을 마치고 정식 사관생도로서 입학한다. 입학 후 4년간의 교육 과정을 마치면 졸업과 동시에 공군 소위로 임관하여 영공방위를 위한 임무를 수행하게 된다.

2020학년도 선발 전형 내용은 다음과 같다.

- 모집 정원: 215명(남자 193명, 여자 22명)
- 모집 전형: 일반전형, 특별전형(공중근무자 신체검사 기준 충족자 선발)

※ 공중근무자 신체검사 시력 기준 미충족자도 지원할 수 있으나, 2차 시험 신체검사에서 굴절교정술 적합자로 판정될 경우에만 합격 가능

- 지원 자격
  - 대한민국 국적을 가진 미혼 남·여
  - 1999년 3월 2일부터 2003년 3월 1일까지 출생한 자
  - 고등학교 졸업자, 2020년 2월 졸업예정자 또는 교육부 장관이 이와 동등한 학력이 있다고 인정한 자
- 일정: 원서접수→ 1차 시험→ 2차 시험→ 최종선발 합격자 발표→ 추가 합격자 발표(1차, 2차, 3차에 걸쳐서 발표)

시험은 1차와 2차로 나눠서 본다. 1차 시험은 국어, 영어, 수학 세 과목을 평가한다. 1차 시험에서 통과하면 2차 시험을 보는데, 2차 시험은 신체검사, 논술, 체력검사, 면접 등이다. 2차 시험에선 체력을 측정한다. 오래달리기, 팔굽혀펴기, 윗

몸일으키기 등이다. 자세한 내용은 공군사관학교 홈페이지●를 참조하길 바란다.

공군 학군단 지원●●

공군 학군단(ROTC)은 대학생에게 군사 교육과 훈련을 하여 졸업 후 장교로 임명하는 예비 장교 훈련단을 말한다. 공군 조종사가 되기 위한 공군 학군단에 지원할 수 있는 대학교는 모두 세 곳이다. 한국항공대학교 항공운항학과, 한서대학교 항공운항학과, 한국교통대학교 항공운항학과이다.

이들 대학교 모두 2학년 때 학군단에 지원해 3, 4학년에 학군단 생활을 하면서 비행 기초훈련을 한다. 대학교 졸업 후 공군 소위로 임관하며, 군 조종사로 복무한다. 임관 이후 '조종특기'의 의무복무기간은 고정익●●● 13년, 회전익●●●● 10년이며, 전역 이후 민간 항공사에 채용되면 민간 항공기 조종사로 근무할 수 있다.

공군사관학교와 마찬가지로 조종 특기 의무복무기간을 채워야 하는 특징이 있고, 군 생활 중에 운송용 조종사 면장을

●   공군사관학교 홈페이지 www.afa.ac.kr
●● 국토교통부 항공 일자리 포털 '조종사가 되는 길' 참고. 공군조종 장학생, 비행교육원에 대한 정보도 여기에서 찾아볼 수 있다. www.air-works.kr
●●● 동체에 날개가 고정된 항공기를 뜻한다.
●●●● 회전에 의하여 양력이 생기도록 설계된 날개다. 헬리콥터를 생각하면 된다.

획득해야만 민간 항공기 조종사가 된다. 그러나 학군단을 포기하고 한국항공대학교* 비행교육원에 지원하는 방법도 있다. 이럴 경우 국가에서 지원해주는 혜택을 포기하고, 스스로 비용을 내야 하므로 금전적인 부담이 커진다. 대표적으로 한국항공대학교 항공운항학과가 있다. 항공운항학과는 우수한 조종사 및 운항 관리 전문 인력 양성을 목적으로 1~4학년에 걸쳐 학과교육을 심화 학습한다. 조종 실기 교육은 3~4학년에 집중해 실시함으로써 교육 효과를 높이고 있다.

재학 중 자가용 조종사 자격증명, 사업용 조종사 자격증명, 계기비행 증명, 조종 교육 증명 및 항공무선 통신사 자격증명 등을 취득하도록 한다. 학과의 교육과정은 정부로부터 전문교육기관으로 지정을 받아 운영하며, 학생 진로별 맞춤형 교육을 함으로써 졸업 후 취업률이 높은 편이다.

1~2학년 때 선발된 공군 학생들은 재학 중 군으로부터 장학금과 공군에서 책정된 실험실습비를 지원받아 학과 및 비행교육을 받으며, 공군의 경우 3학년 때부터 시작되는 ROTC(학생군사훈련단) 과정을 마치고 졸업 후 장교로 임관하여 군 전투기 조종사로 근무한다.

해군의 경우 졸업 후 해군 장교 기본군사훈련과정을 거쳐 장교로 임관하여 해군 조종사로 근무한다. 학생들의 진로 선

• 한국항공대학교 www.kau.ac.kr

택에 따라 구분되어 진행하며, 해당 교육과정을 이수하고 항공사로 취업할 수 있다. 자세한 사항은 홈페이지에서 신입생 모집 요강을 참조하길 바란다.

공군 조종 장학생

공군 조종 장학생은 국내 4년제 정규대학 1~4학년 재학생을 대상으로 모집한다. 대학을 졸업하고 공군소위로 임관하면 후에 조종 특기의 의무복무기간은 고정익 13년, 회전익 10년이다. 나머지는 위 공군사관학교 혹은 한국항공대학교, 한서대학교 및 한국교통대학교의 공군 학군단과 동일하다. 장점은 국가에서 모든 걸 지원해 준다는 것이고, 단점은 경쟁률이 매우 높고 치열하다는 것이다.

비행교육원

항공운항학과 학생들은 제한적인 시간으로 인해서 비행시간을 채우지 못하고 졸업한다. 그래서 비행교육원에서 비행시간을 마저 채워야 한다. 항공운항학과와 무관한 4년제 대학 졸업자도 마찬가지다. 이들은 비행교육원에서 22개월 동안의 교육을 받고, 민간 항공사의 조종사가 될 수 있는 자격을 얻는다.

국내뿐만 아니라 외국에도 사설 비행교육원이 있는데, 조종 면허증을 취득한 후에 국내 항공사에 입사할 수도 있다. 그러나 많은 돈을 들여서 비행시간과 조종 면허증을 땄는데도 취업이 안 되는 경우가 많아 사회적인 문제가 되기도 했다. 이 문제에 대해서는 3장 '그 직업으로 살아간다는 것'에서 본격적으로 다루도록 하겠다.

국토교통부 '항공 일자리 포털'에는 전문 교육기관 10곳이 소개되어 있다. 한국항공대학교 비행교육원, 한국항공대학교 울진비행훈련원, 한서대학교 비행교육원, 한국항공전문학교(학부 과정, 울진 과정), 국립한국교통대학교 비행훈련원, 초당대학교 콘도르 비행교육원, 한국항공우주산업(주), 육군항공학교, 공군교육사령부(비행학교), 해군 6전단이다.

파일럿이 되는 길
③ 자격증

　조종사가 되려면 반드시 거쳐야 하는 자격시험*이 있다. 항공기 관련 업무 종사자에 관한 면허를 취득하기 위한 시험이다. 비행기를 조종하거나 정비하거나 관제탑에서 일하려면 꼭 따야 하는 면허인데, 면장이라고도 부른다.

　항공종사자 자격시험은 '국제민간 항공협약' 및 같은 협약의 부속서에서 채택된 표준과 권고되는 방식에 따라 항공기 등이 안전하게 항행하기 위해 항공 분야 종사자의 전문성을 확보함으로써 국민의 생명과 재산을 보호하기 위한 자격시험이다.

---

* 　자격시험에 대한 정보는 한국교통안전공단(www.kotsa.or.kr)과 항공 교육 훈련포털(www.kaa.atims.kr) 을 참조한다.

조종사 업무 범위(항공 안전법 제36조 및 별표)

자격 종류	업무 범위
운송용 조종사	• 사업용 조종사의 자격을 가진 사람이 할 수 있는 행위 • 항공운송사업의 목적을 위하여 사용하는 항공기를 조종하는 행위
사업용 조종사	• 자가용 조종사의 자격을 가진 사람이 할 수 있는 행위 • 무상으로 운항하는 항공기를 보수를 받고 조종하는 행위 • 항공기사용사업에 사용하는 항공기를 조종하는 행위 • 항공운송사업에 사용하는 항공기(1명의 조종사가 필요한 항공기만 해당한다)를 조종하는 행위 • 기장 외의 조종사로서 항공운송사업에 사용하는 항공기를 조종하는 행위
자가용 조종사	• 무상으로 운항하는 항공기를 보수를 받지 아니하고 조종하는 행위
부조종사	• 자가용 조종사의 자격을 가진 사람이 할 수 있는 행위 • 기장 외의 조종사로서 비행기를 조종하는 행위

▶ 조종사 자격 취득 순서

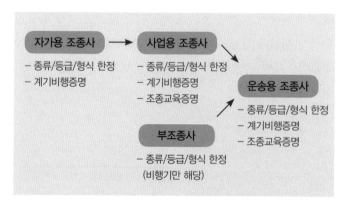

조종사 자격증명의 한정(항공 안전법 제37조 및 시행규칙 제81조)

한정 사항	한정 사항 종류
항공기 종류 한정	비행기, 헬리콥터, 활공기, 비행선, 항공우주선
항공기 등급 한정	육상단발, 육상다발, 수상단발, 수상다발(활공기의 경우 상급, 중급)
항공기 형식 한정	• 비행 교범에 2명 이상의 조종사가 필요한 항공기 • 국토교통부 장관이 지정하는 형식의 항공기
계기 비행증명	비행기, 헬리콥터
조종 교육증명	비행기, 헬리콥터, 활공기, 비행선

▶ 조종사 자격증명의 효력(항공안전법 시행규칙 제90조)

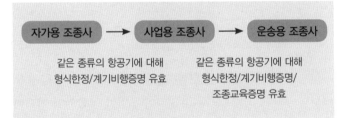

자가용 조종사 → 사업용 조종사 → 운송용 조종사

같은 종류의 항공기에 대해
형식한정/계기비행증명 유효

같은 종류의 항공기에 대해
형식한정/계기비행증명/
조종교육증명 유효

대한민국의 대표 파일럿

우리나라 공군의 역사는 일제 강점기 독립운동 때부터 시작됐다. 암울한 일제 강점기 시절, 나라의 주권을 찾기 위해 뜻있는 국민은 있는 힘을 다했다. 수많은 독립운동가들 중에 도산 안창호 선생은 뛰어난 독립운동가이자 사상가였다. 무엇보다 전 세계에 흩어진 독립운동가들을 하나로 잇는 역할을 했다.

안창호 선생은 미국에 머물 때 항공기를 구매하기 위해 노력했다. 하지만 당시 쉽지 않은 일이라 막바지에 일이 어그러지고 말았다. 안창호 선생은 대신 다른 방법을 찾아냈다. 바로 조종사를 키우는 일이었다. 이 계획으로 미국 캘리포니아에 윌로우스 비행학교가 설립되고, 중국과 소련의 비행학교에 조종사를 보내는 일이 가능해졌다.

이 같은 노력으로 우리나라 최초의 여성 공군이었던 권기옥 선생 등 훌륭한 조종사가 배출되었다. 조국의 독립을 위해 애쓴 독립투사부터 한국전쟁 당시 하늘에서 활약한 공군에 대해 알아보자.

▶ 권기옥(1901~1988): 최초의 여성 공군 비행사

일제 강점기 시절, 권기옥 선생은 비행기 조종사의 꿈을 꾸었다. 나라를 잃은 젊은이로서 일제에 차별받고 억압받아도 그 꿈은 점점 또렷해져 갔다. 비행기 조종사의 꿈을 꾼 계기는 1917년 미국인 곡예 비행사 아트 스미스를 본 이후부터였다. 그것을 본 다른 이들도 여의도 비행장에서 열린 화려한 에어쇼에 매료되었다.

그러나 권기옥 선생은 에어쇼를 다른 눈으로 보았다. 마음속에 굳은 의지가 활활 불타올랐다. '비행사가 되어 일본으로 폭탄을 싣고 가리라!' 권기옥 선생이 비행사가 되기까지는 어려움이 무척 많았다. 폭탄을 제조하다가 일제에 발각된 권기옥 선생은 중국으로 망명했다. 대한민국 임시 정부의 승인을 받아 비행학교에 입학 신청을 냈지만, 여성이라는 이유로 번번이 거부당했다.

그러나 간절한 마음이 닿아 중국 운남 육군 항공학교의 입학이 허가되었다. 제1기생으로 졸업한 권기옥 선생은 중국 공군에 참가해 항일투쟁을 하였고, 해방 후 국회 국방위원회 전문위원이 되어 공군창설에 이바지했다.

권기옥 선생이 대한민국 젊은이들에게 남긴 말이 있다.

"청년들이여, 꿈을 가져라. 어느 나라든 젊은이들이 꿈이 있고 패기가 있으면 그 나라는 희망이 있다."

이 책을 읽는 여러분도 어떤 상황에서도 꿈꾸는 걸 포기하지 않길 바란다. 대한민국 최초의 여성 공군 권기옥 선생처럼 말이다.

▶ 안창남(1901~1930): 한국 최초의 비행기 조종사

일제 강점기 시절, 조선인들이 불렀던 구전 가요가 있다.

"떴다, 보아라. 안창남의 비행기. 내려다보아라, 엄복동의 자전거."

지금 이 시대에 사는 우리에게는 조금 낯선 이름이지만, 두 사람은 당시 조선인들에게 최고의 인기를 누렸다. 지금으로 치자면 이들은 대단한 스포츠 스타가 아니었을까.

안창남은 1922년 12월 10일 한국인 최초로 한반도 상공을 날았던 조종사이다. 금강호(안창남의 비행기)에 한반도 지도를 그려 넣고 멋진 재주를 부리자 많은 조선인이 놀라움을 금치 못했다고 한다. 이 에어쇼를 보려고 사람들이 5만 명이나 모여들었다. 억눌려서 기를 펴지 못했던 조선인들은 자유롭게 하늘을 나는 안창남과 금강호를 보며 무슨 생각을 했을까?

안창남 역시 만감이 교차했다. 서대문 감옥 위를 지날 때는 독립운동으로 잡혀 들어간 사람들의 안위와 나라의 독립을 생각했다. 안창남은 일본에 돌아가서도 자신이 조선인임을 잊지 않았다. 그러던 중에 일본에서 관동대지진이 일어났다. 곳곳에서 일본인들이 관동대지진의 원인을 조선인으로 몰아 죄 없는 조선인들의 목숨이 위태로워졌다. 안창남도 여러 번 생명의 위협을 받았다.

1924년 안창남은 중국으로 망명했다. 그는 중국에서 항공 독립군을 키우기 위해 비행학교를 만들 계획을 세웠다. 그러나 비용이 문제였다. 대한독립공명단에 가입했던 안창남은 단원들을 국내로 숨어들게 했다. 우편 수송 차량에 실린 현금을 빼앗는 대담한 시도를 했다.

하지만 1930년 4월, 예고도 없이 불행이 찾아왔다. 안창남이 탄 비행기가 산서비행학교 앞에서 추락하고 만 것이다. 안창남의 나이는 29세였다. 비행기가 추락한 이유는 밝혀지지 않았다. 기체 결함인지, 아니면 안창남의 실수인지 알 길이 없다. 할 일이 많은데도 불구하고 허망하게 가 버린 안창남의 짧은 생이 무척이나 아쉽다. '그가 살아 있었다면 대한민국의 항공 역사가 어떻게 변했을까?' 하는 생각을 해 본다.

▶ 김영환 장군(1921~1954): '빨간 머플러'의 원조

김영환 장군 하면 떠오르는 건 빨간 머플러*다. 빨간 머플러는 공군을 상징하는 물건인데, 김영환 장군이 처음으로 목에 두르면서 빨간 머플러의 역사가 시작됐다. 사실 김영환

---

* 당시에는 '빨간 마후라'로 불렸다. 마후라는 머플러의 일본식 발음이다.

장군은 1948년 5월 공군을 창설한 7명 중 한 명이다. 그래서 김영환 장군의 행적은 지금의 공군에게 적지 않은 영향을 끼쳤다.

한국전쟁 중이던 1951년 8월 김영환 장군에게 미군은 새로운 작전명령을 내렸다. 북한군 빨치산이 숨어 있는 가야산 자락의 구조물을 폭격하라는 것이었다. 그 구조물은 알고 보니 해인사였다. 해인사는 팔만대장경을 비롯한 여러 역사적인 보물을 보관하던 절이다. 김영환 장군은 작전을 놓고 고심하다가 결국 폭격을 거부했다. 동료 조종사에게도 폭격하면 안 된다고 중지시켰다.

김영환 장군의 결단은 놀라운 일이었다. 한국전쟁 당시 우리의 역사적 문화재나 전통은 전쟁에 밀려 사라져 버리는 일이 다반사였다. 전쟁이라는 이름으로 희생되는 것을 당연시하던 분위기였다. 그러나 김영환 장군은 천년의 역사를 지닌 문화재를 지켜냈다. 무슨 일이 있어도 그 뜻을 굽히지 않았다. 정부도 그 공로를 인정해서 2010년 8월 21일 김영환 장군에게 금관문화훈장을 추서했다.

▶ 김두만 장군(1927~　): 공군의 살아 있는 전설

한 방송사는 '다시 조종간 잡은 노병'이란 제목으로 뉴스를 소개했다. 2015년 6월 김두만 장군은 88세 나이로 국산 경공격기인 FA-50에 몸을 실었다. 앞 조종석에 앉은 조종사가 항공기를 조종하고, 그는 뒤 조종석에 앉아서 세상을 내려다보

았다. 소감을 말하는 김두만 장군의 목소리가 떨렸다.

김두만 장군은 공군의 살아 있는 전설로 통한다. 한국전쟁 당시 공군의 현실은 몹시 열악했다. 김두만 장군은 그런 환경에서도 F-51 머스탱을 조종해서 100회 이상 출격을 기록한 인물이기 때문이다. 김두만 장군은 공로를 인정받아 을지무공훈장, 은성충무 무공훈장, 무성충무 무공훈장 등 다수의 훈장을 받았다.

3장
파일럿으로
살아간다는 것

파일럿의
좋은 점

과거보다 파일럿에 대한 정보를 많이 접할 수 있게 되었지만 우리는 생각보다 파일럿의 장점을 알지 못한다. 파일럿이라는 직업의 장점을 얘기해 보라고 하면, 아마 상식적인 수준에서 답이 나올 것이다. 돈을 잘 번다, 여행을 자주 간다, 삶이 여유롭다 등의 수준이다. 얼추 맞는 것 같지만 뭔가 알맹이가 빠진 듯한 느낌이다. 왜 그럴까? 무엇보다 조종사는 우리 주변에서 흔히 만날 수 있는 직업군이 아니기 때문이다.

회사원, 공무원, 상인, 버스 기사, 학원 선생님 등 우리 주변에는 여러 직종에서 근무하는 사람들이 존재한다. 학교에 등·하교를 하며 때론 여행을 가서도 그들이 하는 일을 가까이서 볼 수 있다. 이런 직업에 비해 조종사는 진입장벽이 높게 느껴진다. 왠지 다가가기 어려운 느낌이랄까? 이 장에서는 조종사라는 직업의 장점을 알아보도록 하겠다.

일반 직장인과는 달라!

직장인들은 출·퇴근을 하며 교통체증에 시달린다. 지하철에선 사람들 사이에 끼어 발이 공중에 뜨는 경험을 하고, 꽉막힌 도로에서는 시간이 신기루처럼 사라지는 일을 겪는다. 버스 기사나 택시 기사라면 교통 체증은 하루의 일상과도 같다. 마음은 벌써 목적지에 도착해 있는데, 앞차가 나가지 않으면 마음만 답답해질 뿐 제자리걸음이다. 교통체증의 답답함은 겪어보지 않은 사람은 모른다.

조종사가 일하는 현장에선 교통체증이 없다. 조종사가 일하는 곳은 하늘길이기 때문이다. 물론 하늘길에도 교통체증 같은 정체 현상이 생기기도 한다. 지상이나 하늘에서 대기해야 할 때도 있지만 꽉 막힌 도로에 비할 바는 아니다.

여기서 야근 얘기가 빠지면 섭섭하다. 온종일 일했는데, 산더미 같은 일이 아직도 남아 있다면 남은 힘을 쥐어짜야 한다. 피곤한 직장인은 퇴근 시간과 주말을 지키고 싶다. 정해진 시간만 일하고 정시에 퇴근한다면 삶의 질이 한층 높아질텐데 말이다.

조종사는 어떨까? 조종사는 주어진 시간만 잘 이용한다면 여유로운 직업이다. 단거리와 장거리 노선의 근무 차이는 있으나 휴식 시간이 법으로 정해져 있고, 한 달에 최소 9일은 쉰다. 더불어 월차, 연차, 휴가를 알차게 쓰면 가족과의 화목한 시간을 누릴 수 있다. 만약 여러분이 조종사가 된다면 평범한 직장인과는 다른 삶을 누리게 될 것이다.

하늘 여행자

조종사는 하늘을 나는 자유가 있다. 아무나 누리지 못하는 특권이다. 항공기는 섬에서 대륙으로, 대륙에서 다른 대륙으로 날아간다. 그 과정에서 조종사는 놀라운 대자연과 마주한다. 밤하늘을 날면서 달과 별자리와 오로라를 보고, 땅 위에 펼쳐진 도시의 야경을 구경한다. 낮이 되면 구름바다 위를 떠가며 아래로는 항공기의 그림자도 볼 수 있다. 또 예쁜 무지개와 빙하가 녹아서 떨어지는 장면도 보게 된다.

이런 직업적 특성은 여행의 기쁨을 선사한다. 도착지에 따라 얼마간 머무는 시간이 생기는데, 항공사의 체류 일정에 따라 상황이 유동적으로 바뀐다. 체류 일정이 짧다면 조종사는 아쉽게나마 도보 여행이나 쇼핑으로 그 나라의 분위기를 느낄 수 있다. 그러나 갑자기 항공기 스케줄이 취소되거나 기체 이상이 생기면 체류 일정이 길어진다. 뜻하지 않게 여유로운 시간이 생길 수도 있는데, 이럴 때는 여행자처럼 알찬 시간을 보낼 수 있다.

항공사에서 제공하는 혜택도 있다. 항공사마다 연 1회 조종사 가족을 위한 가족 티켓이 나온다*. 이 밖에도 할인이나 호텔 무료 숙박 등의 여러 혜택이 있다.

● [진로 찾아가기] 항공기 조종사, 중앙일보, 2014.7.27

전망 좋은 직업

조종사는 전망이 좋은 직업으로 꼽힌다. 누구나 꿈꾸는 억대 연봉에다가 정년을 보장받는 멋진 직업이기 때문이다. 게다가 조종사는 사회적인 인정과 대우를 받는다. 한국고용정보원에서 '2019 한국 직업 전망'[•]이라는 주제로 2027년까지 취업 전망이 밝은 직업 19개를 선정했는데, 항공기 조종사와 항공기 객실 승무원이 포함됐다.

위 조사에서 항공 분야의 전망이 밝은 이유를 취항 노선 확대와 여행의 증가 등으로 보았다. 앞으로도 전 세계의 하늘은 조종사가 책임질 게 분명하다. 또 정년을 보장받는 직업이기도 하다. 국제민간 항공기구(ICAO)는 조종사 정년을 만 65세로 규정하고 있으나 국내에서는 60세를 정년으로 본다. 그럼 60세가 넘어서 일하는 건 불가능할까? 아니다. 촉탁[••] 형식으로 65세까지 일하는 게 가능하다.

청소년 여러분은 아직 정년이란 말이 와닿지 않을 것이다. 우리나라 사람의 평균 수명은 82.7세이다. 의료 기술이 발달하고 영양과 식생활 관리로 평균 수명은 갈수록 증가하는 추세이다. 그런데 늘어난 수명만큼 삶을 지탱할 경제 여건이 되

[•] 향후 10년 간 일자리 전망 밝은 직업은?, 서울신문, 2019.4.26
[••] 일을 부탁하여 맡긴다는 뜻이다. 임시로 어떤 일을 맡아보는 계약 직원을 가리킨다.

지 않는다면 삶은 비극이 될 것이다. 이런 사회적 분위기에 맞물려 조종사는 그 어떤 직업보다 안정적으로 보인다.

최고로 명예로운 직업

한 사람의 조종사가 탄생하는 과정은 마치 사금 채취와도 같다. 사금을 채취하려고 보면 강가의 모든 것이 금으로 보인다. 그러나 채반에 담긴 모래를 물에 씻을수록 남는 건 진짜 금 알갱이 몇 개일 뿐이다.

조종사의 훈련은 만만치 않다. 자신만만하게 지원해 훈련받았다가 이상과는 다른 현실에 스스로 포기하기도 하고, 또 건강한 몸으로 지원했다가 갑자기 찾아온 몸의 이상으로 중도에 탈락하기도 한다. 수많은 훈련과 테스트를 거쳐서 드디어 조종사가 된다고 해도 늘 긴장감과 규칙에 매여 살아야 한다.

한 사람의 조종사를 교육시키기 위해서는 많은 시간과 돈이 필요하다. 국가는 물론, 개인에게도 큰 결단과 인내, 용기가 필요하다. 이렇게 조종사를 키우는 데 사회적 비용이 많이 드는 만큼 의미 있는 직업이며 책임감도 무겁다.

'대한민국 공군 1호기'는 국군통수권자인 대통령이 타는 항공기를 뜻한다. 미국에 '에어포스 원'이 있다면, 우리나라에는 '대한민국 공군 1호기'가 있다. '대한민국 공군 1호기'의 조종사로서 대통령을 태운다는 건 개인의 영광이다.

2019년 4월, 문재인 대통령은 중앙아시아 순방을 하고 있었다. 당시 공군 1호기를 조종하던 박익 기장은 순방 중에 아버지가 돌아가셨다는 소식을 들었다. 박익 기장의 아버지는 아들에게 임무를 다하고 돌아오라는 유언을 남겼고, 박익 기장은 이를 끝까지 지켰다.

문재인 대통령은 박익 기장의 소식을 들었다. 대한민국 공군 1호기가 무사히 성남공항에 도착하자 문재인 대통령은 바로 조종석으로 찾아갔다. 그리고 그를 위로하고 노고에 감사했다. 박익 기장은 공무에 누가 되고 싶지 않았고 최선을 다했다며 겸손히 답했다. 이런 박익 기장의 모습에서 파일럿의 모범이 보인다.

이런 모습을 통해 파일럿이 진정으로 추구하는 가치가 무엇인지 다시금 생각해 보기 바란다.

파일럿의
힘든 점

철저한 자기 관리

조종사가 되려면 운동과 친해야 한다. 철인 3종 경기에 출
전할 만큼은 아니더라도 운동을 즐기며 건강한 신체를 가꿔
야 한다. 골프, 등산, 사이클, 테니스, 수영은 조종사가 주로
하는 운동이다. 나이가 들어 기력이 떨어진 조종사는 산책을
통해서라도 몸을 관리한다. 왜 이런 관리가 필요할까? 그 이
유는 조종사의 건강이 곧 승객의 안전이기 때문이다.

아직도 조종사의 건강에 대한 감이 안 온다면, 기장이 되어
조종석에 앉은 여러분의 모습을 그려 보길 바란다. 그리고 그
뒷좌석에 앉은 수백 명의 승객들을 떠올려 보라. 그들은 제각
기 여행이나 일을 위해 여객기에 몸을 실었다. 가족과 연인,
동료와 함께, 또는 홀로 여행하는 아이들도 있다. 그들의 얼
굴에서 설렘과 기대하는 마음이 보일 것이다.

여객기가 하늘 위로 날아올랐는데, 갑자기 여러분의 몸에 이상이 온다면 어떻게 될까? 심장이나 뇌혈관 등의 문제로 쓰러진다면? 정말 생각하기도 싫은 일이 벌어질 수도 있다. 조종사가 느끼는 책임감의 무게감이 어느 정도인지 느껴질 거다. 조종사에게는 무서운 책임감이 운명처럼 따라다닌다. 피하지도 못하고, 피할 길도 없다. 큰 결단으로 조종사가 됐다면, 그다음은 완벽한 자기 관리로 자신을 지켜내야 한다.

조종사는 정기적으로 1년에 한 번씩 신체검사에 통과해야 한다. 체중, 혈압, 혈당 등 건강을 알리는 수치에 이상이 있다면 의료 조치가 내려진다. 만약 의료진이 조치한 대로 따르지 않는다면 비행에서 제외될 수도 있다. 조종사가 비행을 못한다니, 무섭도록 엄중한 조치다. 그래서 조종사는 장기 노선으로 해외에 나가서도 운동을 열심히 해야 한다. 자기 관리는 조종사의 필수 요건이다.

조종석에 흐르는 긴장감

조종사는 고독한 직업이다. 항공기를 운항하며 생기는 긴장감과 스트레스를 온전히 혼자서 참고 견뎌야 한다. 힘들다고, 짜증난다고, 심심하다고 투정 부리지 못한다.

조종석에는 긴장감이 흐른다. 잘 모르겠다면 인터넷 검색창에서 항공기 조종석 혹은 콕핏(Cockpit)을 검색해 보자. 나오는 사진마다 조종석을 꽉 채운 여러 계기판이 보일 것이다. 파일럿은 조종석에 앉은 순간부터 책임감을 느낀다. 사고는 사소한 일에서 시작되므로 조종사는 늘 시뮬레이션 훈련을 하며, 연습과 반복으로 완벽을 추구하려 애쓴다.

여기서 기장과 부기장의 임무에 대해 정확히 짚고 갈 필요가 있다. 기장은 PF(Pilot Flying), 부기장은 PM(Pilot Monitoring)의 임무를 담당한다. 이 역할은 상황에 따라 자연스럽게 바뀌기도 한다. 기장(PF)은 항공기를 조종하는 사람을 뜻한다. 기장은 항공기 조종 외에도 안전운항과 승객의 안전을 전적으로 책임지는 사람이므로 맡은 일이 막중하다.

부기장(PM)은 기장의 조종을 관찰하면서 관제사와 교신을 맡는다. 항공기의 속도, 고도, 방향 등의 계기를 보면서 주변 상황을 감시하는 일도 부기장의 역할이다. 쉽게 말해 부기장은 기장을 보좌하는 일을 한다. 즉, 기장을 도와 일을 처리하는 사람이다. 부기장은 기장의 눈과 귀, 손과 발의 역할을 제대로 감당해야 한다.

이런 역할을 하는 기장과 부기장은 항상 서로 정확하게 의사소통을 해야 한다. 그들은 '스탠더드 콜아웃(standard callout)'이라는 특별한 의사소통을 하는데, 기장과 부기장을 하나로 이어주는 '표준비행 절차'이다. 스탠더드 콜아웃은 기장과 부기장 사이에 정확한 의사소통과 혹시 있을 오해를 방지하기 위해 한다. 우리말로 '복명복창'이다. 예를 들어 기장이 "랜딩"이라고 지시하면, 부기장도 "랜딩"이라고 지시받은 내용을 똑같이 말로 하고 지시에 따른다. 기장이 "고 어라운드"라고 하면, 부기장도 "고 어라운드"라고 따라 말한다.

기장과 부기장이 협력하지 않으면 사고로 이어지기 쉽다. 1994년 8월 10일, 대한항공 2033편이 제주공항 활주로를 이탈하는 사고가 났다. 이 여객기는 활주로를 벗어나고, 5분 후에 폭발했다. 다행히 모두 탈출에 성공하고, 승객 9명이 경상을 입은 정도로 그쳤다. 그러나 기장과 부기장은 항공 종사자 자격을 박탈당했다. 사고 원인이 외국인 기장과 부기장의 다툼이었기 때문이다.

당시 대한항공 2033편은 제주도의 강한 윈드시어(돌풍)에 의해 착륙에 어려움을 겪었다. 기장은 착륙을 고집하고, 부기장은 이를 받아들이지 않았다. 기장이 무리하게 착륙을 시도하는 걸 참지 못했던 부기장은 고 어라운드를 선택했다. 부기장이 기장의 허락 없이 조종간을 잡아 사고가 일어났던 것이다.

변수로 인한 위험성

조종사는 정해진 스케줄에 따라 근무한다. 항공기 운항은 모두가 약속한 규정과 절차에 의해서 움직이는데, 이는 항공 산업이 수많은 시행착오 속에서 만든 안전 수칙과도 같다. 조종사가 이륙과 착륙을 위해 준비하는 대략의 과정은 다음과 같다.

출근 → 비행 관계 서류 확인(기상, 기류, 목적지 등 정보) → 여객기 상태 확인, 승무원 합동 브리핑 → 체크리스트 작성 → 승객 탑승 후 문 닫힘 → 이륙 허가 기다림 → 이륙 → 비행 → 착륙 준비 → 착륙 허가 기다림 → 착륙 → 문 열림 → 운항일지 작성 → 휴식

모든 상황이 이렇게 안정적으로 흘러가면 얼마나 좋을까? 그러나 현실은 그렇지 않다. 예측하지 못한 변수는 언제든지 일어날 수 있다. 활주로에 떨어진 이물질, 조류 충돌, 기체 결함, 정비 과실, 기상 악화, 조종사의 불안정한 상태, 승객의 이상 행동, 테러리스트의 공중납치 시도, 항공기 피격, 관제사의 실수, 우연과 불운이 겹친 사고 등이 원인이 된다. 여기에 해당하는 몇 가지 사례를 살펴보자.

▶ **활주로에 떨어진 이물질**

활주로에 떨어진 쇳조각, 돌멩이, 파편 등은 큰 위험 요소이다. 이것들은 항공기의 타이어를 터트리기도 하고, 엔진에 들어가 폭발하기도 한다. 가장 큰 상처를 입힌 사고는 2000년 7월 25일에 일어났다. 에어프랑스 4590편 콩코드 여객기가 활주로를 이륙한 지 2분 만에 추락한 것이다. 원인은 다른 여객기 엔진 덮개에서 떨어진 쇳조각이었다. 쇳조각을 밟은 에어프랑스 4590편의 타이어가 터지고 그 파편이 연료탱크에 큰 충격을 주면서 화재가 발생했다. 사망 승객은 109명이

고, 항공기가 추락한 호텔의 직원 4명도 사망했다.

▶ 기체 결함

2장 '자기통제 능력'에서 나온 태미 조 슐츠 기장 이야기이다. 사우스웨스트항공 1380편의 1번 엔진이 폭발했으나 무사히 여객기를 착륙시킨 여성 기장 말이다. 조사 당국에 의해서 항공기 엔진이 폭발한 이유가 밝혀졌는데, 원인은 엔진의 팬(fan), 즉 날이 오래되어 생긴 금속피로였다. 엔진의 계속된 진동을 견디지 못해 균열이 간 금속 날이 엔진으로 떨어져 폭발한 것이다.

▶ 기상 악화

항공기 기체에 떨어진 번개도 사고의 원인이 된다. 2019년 5월 5일, 러시아의 아에로플로트 항공사 소속 '수호이 슈퍼 제트 100'이 당한 사고다. 셰레메티예보 국제공항을 이륙한 여객기가 28분 뒤 회항했다. 원인은 번개였다. 번개를 맞은 여객기는 전자장치가 고장 나며 관제탑과의 연락도 끊겼다. 여객기는 다급하게 착륙하다가 랜딩기어가 부서지고, 그 파편이 엔진으로 들어가 화재가 발생했다. 화재로 비행기 안은 혼란에 빠졌고, 결국 뒷자리 승객 41명이 탈출하지 못해 사망하고 말았다.

▶ 파일럿의 불안정한 상태

2015년 3월 24일, 저먼윙스 9525편 여객기가 프랑스 알프스 산맥에 충돌했다. 사람들은 기체 결함을 의심했다. 그러나 조종실의 음성 녹음장치(CVR)을 조사하자 경악할 만한 진실이 밝혀졌다. 저먼윙스의 부기장 안드레아스 루비츠가 고의로 저먼윙스 9525편을 추락시킨 것이다. 한마디로 자살 시도였다. 부기장은 평소에 시력을 잃을 걸 두려워했으며 정신적으로 불안정한 상태였다고 한다. 이 끔찍한 사고로 150명의 탑승객이 사망했다.

▶ 우연과 불운, 착각이 겹친 사고

1977년 3월 27일, 스페인 카나리아제도 테네리페섬에서 일어난 사고는 역대 최악의 항공사고로 분류된다. 네덜란드 항공사 KLM 4805편과 미국 팬암 1736편이 활주로에서 충돌한 것이다. KLM 4805편은 이륙을 위해 속도를 냈고, 공중에 어설프게 뜬 상태에서 팬암 1736편을 치고 날아가 버렸다. 그 결과 KLM 4805편이 폭발하고, 팬암 1736편도 윗부분 기체가 날아가 버린다.

불운의 시작은 폭탄 테러 협박 전화였다. 카나리아섬의 라마스공항은 협박 전화에 놀라서 공항 폐쇄를 결정한다. 라마스공항으로 날아오던 여객기들은 옆에 위치한 테네리페섬으로 기수를 돌려야만 했다. 이렇게 KLM 4805편과 팬암 1736편이 한곳에 착륙했다. 그런데 이 두 여객기가 출발하기 직전 자욱한 안개가 공항을 덮었다. 승객이 여객기의 날개를 보지 못할 정도로 상황은 최악이었다.

사고의 원인은 테러 위협, 지독한 안개, 관제사의 실수와 표준용어 미사용, 교신 실패, KLM 4805편 기장의 착각(이륙 허가를 받지 않음), 팬암 1736편 기장의 활주로 착각 등이 복합적으로 겹쳐져 일어난 사고였다. 이 사고로 총 583명이 사망했다.

파일럿의
스케줄 따라잡기

민간 항공 조종사의 스케줄

한 조종사(부기장)의 일정을 따라가 보자. 주인공은 한 항공사에서 근무 중인 부기장 A씨이다. 출발지는 인천국제공항이고, 목적지는 미국 샌프란시스코 국제공항이다.

- 기상: 씻고 출근 준비를 한다.
- 이동: 차를 타고 '인천국제공항'으로 향한다.
- 도착: 기장과 항공 관련 종사자들과 인사를 나눈다.
- 검토: 비행에 필요한 항공 관련 서류를 확인한다. 대형 모니터로 기상관측 영상을 분석한다.
- 입국 심사대 통과: 엑스레이 검사를 위해 여행용 가방을 통과시킨다.
- 항공기 탑승: 조종실에 들어가 착석한다. 기장은 왼쪽, 부

기장은 오른쪽에 앉는다.

- 출발 전 준비사항: 항공기 계기를 조작한다. 태블릿 PC
  로 지도에 표시된 목적지를 확인한다. 항공기 운항에 필
  요한 서류를 검토한다. FMS(Flight Management System:
  자동비행)에 출발, 도착 공항, 항공기 설정, 항로번호 등
  을 입력한다.

- 이륙: 활주로를 달리며 하늘로 날아오른다.

- 착륙: 목적지인 미국 '샌프란시스코 국제공항'에 착륙한
  다.

- 숙소 이동: 지정된 호텔로 향한다.

- 아침: 호텔 식당에서 식사를 하고 밖으로 나선다.

- 이동: 샌프란시스코 명물인 케이블카를 타고 목적지로
  향한다.

- 하루 동안의 여행: 차이나타운, 금문교를 보고 점심식사
  를 한다. 박물관과 야구장도 구경한다.

- 이동: 택시를 타고 숙소로 돌아온다.

- 다음 날 아침: 출근 준비를 한다. 옷걸이에 걸린 부기장
  유니폼을 침대 맡에 내려놓는다. (기장은 견장의 줄이 4개,
  부기장은 줄이 3개이다.)

- 이동: 항공사가 준비한 차를 타고 승무원들과 함께 이동
  한다.

- 출국 심사대 통과: 여행용 가방을 통과시킨다.

- 이륙: 샌프란시스코의 하늘 위 구름바다를 건너는 중에

찬란한 햇빛과 만난다.

- 착륙: 인천국제공항에 도착한다.

공군의 자랑이자 보물

공군 조종사라고 하면 무엇이 떠오르는가? 아무래도 가장 상징적인 전투기 조종사가 떠오를 것이다. 파일럿 영화, SF 영화, 전쟁 영화에 나오는 전투기 조종사는 영웅으로서 지구를 구하는 역할을 톡톡히 해왔다. 그러나 공군에는 전투기 조종사만 있는 게 아니다. 전폭기, 정찰기, 수송기, 공중급유기, 헬기 등을 조종하는 조종사도 있다. 또 육군과 해군에서 활동하는 조종사도 있다. 당연한 말이지만, 이들은 우리의 자랑이자 나라의 핵심 전력이다. 특별히 이 장에서는 시험비행 조종사와 특수비행 조종사에 대해 알아보도록 하겠다.

시험비행 조종사(테스트 파일럿)

시장에 어떤 물건이 새로 나왔을 때 우리는 광고와 입소문, 그리고 개인적 호감으로 물건을 구매한다. 자신을 꾸미기 위해 화장품을 사거나, 몸이 아플 때 약을 사 먹기도 한다. 스마트폰이나 가전제품 또한 마찬가지다. 그런데 여기서 우리가 알아야 할 것이 있다. 우리가 쓰는 무수한 제품들은 다 시험을 거친 후에 출시된다는 사실이다. 인체에 해가 없는지, 기능이 정상적으로 작동하는지, 추후에 생길 문제는 없는지 등이 점검된 뒤에 세상에 나온다.

신형 항공기 모델도 마찬가지다. 겉으로 볼 때는 완벽할 정도로 날렵한 몸매를 자랑하는 항공기지만, 그 성능과 안전이 검증된 건 아니다. 누군가가 직접 조종해 보고 기체 결함은 없는지, 제대로 된 성능을 보여주는지 확인해야 한다. 신형 항공기 모델이 안전하다는 걸 공식적으로 실험할 사람이 필요한데, 그 역할을 담당하는 사람이 바로 시험비행 조종사다.

이들은 항공기의 한계를 직접 시험하는 사람이다. 시험비행 조종사는 공중에서 엔진을 꺼버리고 항공기를 조종 불능 상태로 만든다. 듣기만 해도 심장이 떨린다. 시험비행 조종사는 훈련과 실제 임무를 반복한다. 실제로 미사일을 목표물에 투하하는 테스트도 있다. 긴장감이 최고조에 이르는 순간이다.

만약 잘못된다면 어떤 일이 벌어질까? 목표물을 향해 날아가야 할 미사일이 엉뚱한 곳으로 날아가 폭발하는 사고가 벌어질 수도 있다. 최악의 경우 사망할 수 있다. 시험비행 조종사는 비상 탈출 등의 안전장치가 대비돼 있으나 늘 위험을 감수해야 하는 일을 한다. 죽음과 동행하는 삶이라 할 수 있다. 그렇기에 시험비행 조종사는 자부심이 크다. 자신의 생명을 걸고 수많은 파일럿과 승객을 위해 임무를 수행하기 때문이다.

▶ 시험비행 조종사에 관한 상식

① 우리나라 자체 기술로 만든 T-50(고등훈련기), TA-50(

경공격기) 등은 시험비행 조종사에 의해 안전이 검증된 항공기다.

② 우리나라는 세계에서 12번째로 T-50, 초음속 훈련기를 개발했다. 그리고 세계에서 6번째로 초음속 항공기를 수출한 국가이다.

③ 시험비행 조종사로 가장 유명한 사람은 척 예거다. 1947년 최초로 초음속 돌파시험에 통과한 인물이다. 그리고 미국과 러시아 등의 우주 비행사 출신은 거의 시험비행 조종사였다.

④ 2019년 공군 최초로 여성 개발시험비행 조종사가 탄생했다. '정다정' 소령이다. 남성 위주의 개발시험비행 조종사 사이에서 새로운 도전을 펼칠 정다정 소령의 활약이 기대된다.

⑤ 시험비행 조종사에 대해 알아볼 수 있는 TV 다큐멘터리로는 KBS 1TV의 〈다큐 공감〉 '우리가 처음이다, 테스트 파일럿' 편이 있다.

특수 비행팀

특수 비행팀은 그 나라의 국력과 공군의 수준을 보여준다. 특히 자체 제작한 항공기로 특수 비행팀을 운영하는 일은 고도의 기술력이 있어야만 가능한 일이다. 대한민국은 자랑스러운 '블랙이글스'를 운영한다. 미국은 두 개의 특수 비행팀을 운영하는데, '블루앤젤스(미국 해군)'와 '선더버드(미국 공군)'다. 그 밖에 중국의 '81 곡예비행팀', 러시아의 '나이츠', 스위스의 '패트롤 스위스', 프랑스의 '파트루이 드 프랑스' 등이 있다.

항공 지식이 많고 에어쇼에 관심이 있는 사람이 아니라면 블랙이글스란 이름이 낯설 수도 있겠지만, 사실 블랙이글스의 인기는 한류스타 못지않다. 에어쇼를 마치면 관람객이 몰려들어 사진 촬영과 사인을 요청하기도 한다. 블랙이글스의 공중곡예 장면을 보지 못했다면 어리둥절할 것이다. 사람들의 높은 관심이 궁금하다면, 인터넷에서 블랙이글스 에어쇼 장면을 찾아보길 바란다. 절로 박수가 나올 정도로 감동적인 장면을 연출한다.

블랙이글스가 해외 에어쇼에서 처음 모습을 드러낸 건 2012년 영국 리아트 국제 에어쇼였다. 이 에어쇼에서 블랙이글스는 최우수상과 인기상을 받았다. 이때부터 블랙이글스는 해외의 기대와 주목을 받게 되었다.

2017년 말레이시아 LIMA 17 에어쇼 개막식에서도 블랙이글스의 인기는 뜨거웠다. 당시 말레이시아의 한 젊은 여성은 소감으로 "케이팝이 세계적인 영향을 끼치지만, 자신은 한국 하면 블랙이글스를 먼저 떠올릴 것이다."라고 말했다.

블랙이글스는 무엇으로 관람객들의 마음을 사로잡았을까? 그건 블랙이글스 조종사 8명의 헌신과 완벽한 비행기술, 최고의 협동력이다. 특수 비행팀은 목숨을 걸고 묘기를 펼친다. 이 헌신을 바탕으로 최고의 비행기술이 필요하다. 무엇보다 섬세하며, 독창적이고, 찡한 감동이 녹아 있다.

▶ 블랙이글스에 대한 최소 상식

① 블랙이글스의 전용 항공기는 T-50B이다. T-50B는 초음속훈련기인 T-50을 기반으로 만들었다.

② 블랙이글스의 조종사는 엘리트로만 선발한다. 조종사 경험이 많아야 하며, 항공기 4기를 지휘할 만한 편대장 자격 조건이 있어야 가능하다.

③ 블랙이글스의 에어쇼 참가 목적은 조종사의 뛰어난 기량과 T-50B의 성능, 국가의 국력을 알리는 데 있다. 블랙이글스의 활약으로 T-50 초음속훈련기 수출이 활발하다.

④ 블랙이글스에 대해 알아볼 수 있는 TV 다큐멘터리로는 EBS〈직업의 세계-일인자〉'특수비행팀 블랙이글스 전욱천 조종사' 편과, 유튜브 방위사업청 채널의 '블랙이글, 하늘길 5,400km를 열다' 편이 있다.

키워드로 읽는
파일럿

콕핏과 체크리스트

조종사의 상황을 이해하기 위해서는 이들이 일하는 환경을 알아야 한다. 콕핏은 앞에서 언급한 대로 좁은 조종석을 일컫는다. 이 콕핏에는 다양한 계기와 스위치가 있다. 과거보다 계기와 스위치가 많이 줄었다고 하나 여전히 콕핏은 복잡한 공간이다. 작은 실수 하나에도 사고가 일어나는 위험이 도사리고 있다. 이런 위험을 방지하기 위해 여러 규칙을 만들었다.

그 규칙은 제2차 세계 대전 중 미 공군이 처음 개발했다. 이 규칙을 사용하자 놀랍게도 추락 사고가 현저히 줄었다고 한다. 체크리스트를 사용하기 전에는 조종사 개개인의 방법과 감에 의해서 항공기가 이륙하고 착륙했다. 그러다 보니 실수로 인한 사고가 잦았다. 주로 조종사가 깜빡하고 빠뜨린 정비나 지켜야 할 항공 수칙을 지키지 못해 일어난 일이다. 예를 들어, 기본적인 기름 급유, 헐거워진 나사를 조이지 않은 것, 항공기 문을 닫지 않고 출발하는 등의 일이었다.

항공기가 현대화된 지금은 확인해야 할 것이 더 추가됐다. 항공기는 거대한 시스템이 복잡하게 얽혀 있는 기계다. 옛날처럼 조종사가 임의로 외운 순서대로 혹은 감으로 계기와 스위치를 멋대로 다루는 건 금기시된다. 시뮬레이션 훈련 시에도 조종사 지망생들은 몸으로 체득한다. 감보다는 체크리스트를 따라 이·착륙 훈련을 해야 한다.

조종석 계기판과 스위치

항공기 제작사는 크게 보잉(미국)과 에어버스(프랑스)로 나뉜다. 제작사에 따라 보잉은 조종간(yoke)이 있고, 에어버스는 사이드 스틱(side stick)이 있다. 보잉의 조종간은 소뿔처럼 튀어나와 있는 게 특징이고, 에어버스는 게임기의 조이스틱처럼 생겼다. 조종석의 계기 장치는 시각적으로 크게 세 부분으로 나뉜다. 보잉 기종을 참조하여 하나씩 살펴보자.

첫째는 조종사의 머리 윗부분인 '오버헤드 패널'이다. 둘째는 조종석 정면 창문 바로 아래쪽에 길게 위치한 '모드 컨트롤 패널'이고. 셋째는 나머지 부분인 기장과 부기장 사이에 있는 T자형 패널이다. 메인 패널, FMC 패널, 센터 페디스털 패널 등이 있다.

오버헤드 패널(Overhead Panel)은 기체의 전기, 유압, 연료 등을 제어하는 계기로 구성됐다. 항공기의 전체 시스템을 총괄하는 계기판인 셈이다. 결빙을 방지하는 장치, 엔진 시동 스위치, 실내 온도 조절과 전기 공급, 소화기 장치 등이 있다.

둘째는 조종석의 정면 창문 바로 아래쪽에 길게 위치한 '모드 컨트롤 패널'이고. 셋째는 나머지 부분인 기장과 부기장 사이에 있는 T자형 패널이다. 메인 패널, FMC 패널, 센터 페디스털 패널 등이 있다.

메인 패널은 주 계기판을 뜻하는데, 이 중 PFD(Primary Flight Display)는 항공기의 비행 상태를 알려주는 화면이다. 속도, 고도, 기압고도계, 방위, 경사각 등의 상태를 나타낸다. ND(Navigation Display)는 항로표시기이다. 항공기가 항로대로 제대로 가는지 확인한다. 주위에 떠 있는 항공기를 보여주는 장치이기도 하다.

기장과 부기장 사이에 FMC(Flight Management Computer)가 있다. FMC는 비행 관리 시스템으로 큰 계산기처럼 생겼는데, 앞서 샌프란시스코로 가는 부기장의 스케줄에서도 등장했다. FMC는 출발·도착 공항, 항공기 설정, 항로 번호 등의 이름을 입력해 컴퓨터가 자동비행으로 운항하도록 하는 역할을 한다.

그 밖에 엔진 스로틀과 주 날개 뒷부분에 위치해 비행기를 공중에 띄우는 힘인 양력을 발생시키는 플랩(Flap), 속도를 떨어뜨리는 제동장치인 에어 브레이크(Air brake), 스피드 브레이크(Speed brake)라고 불리는 스포일러(Spoiler) 등이 있다.

조종의 원동력 – 긴장감

조종석 계기판과 스위치 부분을 읽으면 사람들은 보통 두 가지 반응을 보인다. 호기심이 생겨 전문 서적과 인터넷 검색을 해 보는 사람과, 줄줄이 나오는 전문 용어에 두통이 생겨 넘겨버리고 싶은 사람으로 나뉜다. 호기심이 강한 사람에게는 응원을 해 주고 싶다. 열심히 공부해서 반드시 꿈을 이루기를 바란다고. 두통이 생긴 사람에게는 잠시 머리를 식히라고 말하고 싶다. 가벼운 마음으로 책을 읽었으면 하는 바람이다.

사실 조종사도 사람이다. 복잡한 계기와 스위치를 능숙하게 다룬다고 해서 강철 인간은 아니다. 조종사도 역시 초보 시절이 있었고, 기장이 되기 전에 오랜 부기장 생활을 거친 사람이다. 세상에 저절로 얻어지는 자리는 없다. 훌륭한 조종사 한 사람을 위해서는 10년 이상의 시간이 걸린다. 조종사는 가치로 따지자면, 항공기 가격보다 비싸고 오랜 시간과 정성을 기울여야만 나오는 보석과 같은 존재이다.

그렇다면 어떻게 베테랑 조종사가 탄생하는 걸까? 비법은 따로 없다. 머리와 몸에 새겨질 정도로 반복 훈련을 거듭하는 것이다. 조종사는 항공기를 조종하고 나서도 시간을 들여 항공기 시뮬레이션 훈련을 한다. 이는 긴장감을 유지하려는 조종사의 노력이다. 항공기 운항 시에 언제 비상 상황이 생길지 알지 못하기에 조종사는 자신의 몸이 자동 반응할 정도로 훈련을 한다. 이런 적절한 긴장감이 조종사의 원동력이다. 하지만 조절을 잘해야 한다. 긴장감은 양면의 얼굴을 지니고 있기 때문이다.

스트레스와 과로

여객기 조종사는 불규칙한 근무, 야간비행, 자주 바뀌는 비행 일정을 겪는다. 유능한 조종사는 이런 일정에도 스트레스를 줄이기 위해 자신을 관리한다. 마인드 컨트롤은 물론 운동, 시차 관리 등에 많은 노력을 기울인다. 그러나 스트레스가 과할 경우 조종사는 통제 불능 상태에 놓일 수도 있다. 갑작스러운 건강 이상이 생기는 경우다.

2017년 한 항공사 부기장은 태국에서 인천공항으로 오기 위해 준비를 하던 중 조종실에서 심장마비로 쓰러졌다. 근로복지공단은 이 조종사의 죽음을 과로사로 인정했다. 부기장은 기장 승격 심사와 행정 업무 등 여러 일을 맡고 있어서 일에 대한 압박감이 컸다고 한다.

그 밖에 스트레스 요인으로 동료와의 불화 문제도 있다. 장시간 조종석에서 손발을 맞춰야 할 기장과 부기장 사이가 좋지 않다면 당사자는 물론 승객에게도 잠재적인 위험 요인이 될 수 있다. 그러므로 여객기 조종사가 되려면 사회성도 있어야 한다. 사람과의 관계에서 무조건 자기 입장을 고수하는 게 아니라, 소통하고 타협할 줄 아는 능력이 필요하다.

우주 방사선에 노출되면?

사람들은 항공기를 타면 우주 방사선에 노출된다는 사실을 잘 알지 못한다. 우주 방사선이란 무엇일까? 크게 두 가지로 구분하는데, 첫째는 초신성 폭발 등으로 우주에서 오는 방사선이고, 둘째는 태양에서 오는 방사선이다.

항공기를 조종하는 조종사와 승무원이 우주 방사선에 노출되기 쉽다. 높은 고도를 다니며, 비행시간은 길고, 극 항로를 다닌다면 문제는 더욱더 심해진다. 가장 악명 높은 곳이 북극항로(폴라 루트)이다. 북극항로는 유럽이나 북미로 갈 때 이용되는데, 시간과 비용을 절약하는 장점이 있기 때문이다.

우주 방사선에 노출되면 어떤 문제가 생길까? 가장 큰 위험은 질병, 특히 암을 일으킨다는 점이다. 안타깝게도 항공 승무원의 연간 평균 피폭량은 원자력발전소 종사자보다 두세 배나 높은 수준이다. 이 내용은 한국원자력안전재단에서 발표한 사실이다. 또한 미연방 항공청(FAA)과 국제방사선방호위원회(ICRP)는 비행승무원을 방사선 피폭 직업군으로 분류하고 있다.

독일에서는 항공 승무원의 안전을 위해 방사선량을 체계적으로 관리한다고 한다. 법적으로도 뒷받침된다고 하니 우리나라도 서둘러 항공 승무원의 안전을 위한 보호망을 준비해 주었으면 하는 바람이다.

'비행 낭인'이란 말이 있다. 여기서 낭인이란 말은 일정한 직업이나 거처 없이 떠돌아다니며 빈둥빈둥 노는 사람을 가리킨다. '비행 낭인'이란 말은 항공 종사자 자격이 있음에도 취업을 하지 못해 비행기 조종사로서 활동하지 못하는 사람을 말한다. 국가든 개인이든 1억 원 이상의 비용이 투입되고 어렵게 조종사 면허를 땄는데도 취업을 하지 못한다면 허탈한 마음을 벗어나기 힘들 것이다. '비행 낭인'은 한 해에 1천 명이나 된다고 한다.*

날이 갈수록 사회는 불안정해지고 있다. 정년 보장은 옛 이야기이고, 언제 위기가 닥쳐 잘 다니던 회사에서 해고될지 모른다. 그래서 젊은이들은 불안한 마음으로 오래 일할 수 있는 직업을 찾는다. 회사는 안정적인지, 정년이 보장되는지, 돈은 많이 버는지 등을 고민해 볼 때, 눈에 들어온 직업이 여객기 조종사다. 아마 조종사는 여러 분야에서 일하는 사람에게 매력적으로 보이는 직업이 아닐까 한다.

그러나 조종사 면허를 따는 데 들어가는 비용은 개인이나 가정 경제가 흔들릴 만큼 큰 액수다. 물질적인 여유가 있다면 부모님의 지원으로 국내나 해외의 비행훈련원을 다닐 수 있겠지만, 그게 안 된다면 직장에서 차곡차곡 모은 돈으로 조종

---

* 조종 면허에 1억 들였지만… 날지 못하는 '비행 낭인', JTBC, 2016.3.30

사 면허를 따는 사람도 있다. 항공사 취업 조건은 조종사 면허와 비행시간 250~1,000시간이다. 그러나 조건을 모두 채워도 항공사 취직은 아득히 멀어 보인다.

뉴스에서는 우리나라 기장이 중국으로 빠져나간다고 보도하는데, 왜 이리 취업이 힘든 걸까? 그 요인은 경쟁자와 항공사 나름의 선택 때문이다.

첫째, 경쟁자들이 비행시간을 더 많이 쌓아서 유리하게 지원한다. 둘째, 항공사는 공군·한공대·한서대 등에서 나온 인재를 더 선호한다. 셋째, 계약직 외국인 기장을 뽑는 문제도 있다.

흥미진진 항공 상식

아슬아슬한 세계의 공항 탑3

세계에서 가장 위험한 공항 3곳이 있다. 이런 공항에 다니려면 조종사는 두둑한 배짱과 고도의 기술력을 지녀야 한다. 자칫 가벼운 실수 하나로 사고가 일어나기 때문이다.

▶ 네팔 루클라공항(Lukla Airport)

루클라공항은 히말라야 중턱인 해발 2,850m에 위치한 공항이다. 활주로 길이가 500m밖에 되지 않아 헬기나 경비행기만 이용할 수 있다. 관제사는 아예 없다. 사람들은 왜 이런 위험한 곳에 가는 걸까? 다 이유가 있다. 바로 에베레스트 등반 때문이다. 등산객과 관광객에게 에베레스트는 꿈의 장소다. 아무래도 에베레스트 안에서 산악인들의 정체 현상이 일어나는 것은 네팔 루클라공항을 이용하는 사람들이 많기 때문이다.

위험한 환경 탓에 사고 소식도 심심치 않게 뉴스에 보도된다. 경비행기는 착륙하려다가 낭떠러지에 추락하고, 활주로 벽에 부딪히기도 한다. 영상으로 네팔 루클라공항에 이·착륙하는 항공기의 모습을 보면 심장이 벌렁거릴 정도다.

▶ 세인트마틴 프린세스 줄리아나 국제공항(Princess Juliana International Airport)

세인트마틴섬은 특색 있는 곳이다. 에메랄드빛 바다와 해변도 멋지지만, 관광객의 마음을 빼앗는 것은 단연 활주로다. 공항 활주로는 세계 어디에서도 보기 힘든 곳에 있다. 해변과 활주로가 기묘하게 어우러져 있다. 이곳의 열띤 분위기를 잠시 들어보자.

해변에서 휴식을 취하던 관광객은 항공기가 착륙하는 모습을 보고 환호한다. 항공기의 위치는 지면에서 고작 20m 떨어진 높이에 있다. 손을 뻗으면 닿을 듯 말 듯 아슬아슬한데도 사람들은 그저 즐거워 보인다. 저러다 큰 사고라도 나면 어쩌나 하고 걱정될 정도다. 이 공항 활주로의 길이는 2,179m로 거대 항공기인 A380과 747 등이 이륙·착륙한다고 생각하면 짧은 편에 속한다.

▶ 상파울로 콩고냐스 공항(Congonhas Airport)

콩고냐스공항은 도심지의 한 가운데에 있다. 하늘에서 보면 주택과 빌딩이 공항을 에워싼 모양새다. 그런데 문제는 더 심각한 데 있었다. 활주로의 길이가 1,939m로 매우 짧다는 것이다. 세인트마틴 프린세스 줄리아나 국제공항보다 짧은데, 대형 항공기의 이·착륙이 어려운 지경이었다. 그러던 중에 2007년 7월 17일 불행한 사고가 벌어진다.

브라질 탐(TAM)항공 소속 에어버스 A-320이 빗길에 미끄러져 200명이 사망한 것이다. 활주로가 짧은데다가 사고 당시에 비가 와서 활주로는 더 미끄러웠다. 탐항공기는 공항의 담을 부수고 도로를 지나쳐서 화물터미널에 부딪혔다. 설상가상으로 날개가 주유소를 덮치고 폭발하고 말았다. 승객과 승무원은 물론이요, 화물터미널에 근무하던 사람들도 사망한 대형 사고였다. 이런 사고가 벌어졌는데도 콩고냐스공항은 별다른 조치를 하지 않았다고 한다.

마의 11분

마의 11분은 이륙 후 3분과 착륙 전 8분을 뜻한다. 여기에서 마(魔)는 일이 꼬이게 만드는 장애물을 뜻한다. 왜 이런 악명 높은 이름이 붙었을까? 그 이유는 항공기 사고의 90% 이상이 이 시간대에 발생하기 때문이다.

이륙할 때의 상황을 살펴보자. 항공기가 이륙할 때는 엔진이 최대 출력을 내서 하늘에 솟구쳐 오른다. 알다시피 날개

밑에 달린 엔진은 양력을 만들므로 항공기가 힘차게 날아오르는 역할을 한다. 그러나 갑자기 엔진에 이상이 생긴다면 항공기는 그 힘을 잃어버린다. 비행기 날개의 양력이 급격히 떨어져 추락하는 실속 현상이다.

조류 충돌(버드 스트라이크) 문제도 있다. 앞에서 언급한 허드슨강의 기적을 만든 설리 기장의 예를 보면 조류 충돌이 얼마나 큰 사고로 이어지는지 알 수 있다. 설리 기장의 항공기는 당시 몸집이 큰 캐나다 거위 수십 마리와 충돌했다. 그중에 두 마리가 엔진으로 들어가 대형 참사가 일어날 뻔했다.

우리나라 역시 조류 충돌에서 자유롭지 못하다. 텃새인 종다리가 가장 큰 위험 요소로 밝혀졌다. 그래서 인천공항에서는 새를 쫓기 위해 총과 각종 맹금류 울음소리나 드론을 이용한다. 새들이 멀리서부터 항공기를 보고 피하면 좋으련만, 무슨 이유인지 새 떼는 항공기를 보고도 일정 거리 앞에서만 피하는 습성이 있다고 한다. 항공기는 엄청난 순간 속도를 낸다. 그 속도를 알 리 없는 새들은 무방비에서 속수무책으로 부딪히고 만다.

이제 착륙 시 상황을 알아보자. 높이 떠서 날아오던 항공기는 지상으로 가깝게 내려와야 한다. 파일럿은 기기 조작으로 바빠진다. 항공기 고도는 내려야 하고, 엔진의 속도는 줄여야 한다. 승객들은 빨리 내려서 도착의 기쁨을 맛보고 싶겠지만, 조종사는 초긴장 상태가 되는 시간이다. 미국 노스애틀랜틱(North Atlantic) 항공사에서 조사한 내용이 이를 잘 알려준다. 이륙에서 착륙까지 기장이 받는 스트레스를 심전도검사로 알아본 결과, 이륙과 착륙을 준비할 때 심장의 맥박 수가 가장 많이 증가했다고 한다.*

비행 징크스

징크스(jinx)는 재수 없는 일 혹은 불길한 징조의 사람이나 물건을 뜻한다. 징크스에 영향을 많이 받는 분야는 아무래도 스포츠다. 조종사에 관한 징크스를 소개하기 전에 스포츠 선수들의 징크스를 잠깐 살펴보자.

스포츠 선수는 경기에서 이기거나 진다. 매 경기 승승장구하면 좋겠지만 그건 불가능한 일이다. 예를 들어 "지난 대회 우승국의 연속 우승은 없다."라는 월드컵 우승국에 관한 징크스가 있다.

스포츠 선수들은 징크스 때문에 조급해하기도 한다. 운동 연습 이외에도 신경을 써야 하는 부분이 생기는데, 바로 징크스에 대비하는 행동이다. 가령 테니스 선수 중에는 서브를 넣기 전에 자신이 정한 횟수대로 공을 튕겨야만 마음이 놓이는 사람이 있다. 안 그러면 경기에서 질 것 같다고 한다. 메이저 골프대회에서 18번 우승한 잭 니클라우스 역시 마찬가지였다. 무슨 일이 있더라도 꼭 주머니에 동전 3개를 넣고 다

---

* 여객기 조종사, '불안감 느끼는 마의 11분은?', CBS노컷뉴스, 2014.8.14

넜다고 한다.

징크스를 피하거나 행운을 기원하는 의식은 사람마다 다양하다. 특정 음식에 집착하거나 특별한 속옷을 입는 사람도 있다. 종교가 있는 사람들은 기도의 힘으로 악운을 쫓는다.

조종사도 사람인지라 징크스를 의식하지 않을 수 없다. 공군에서 근무하는 조종사들은 어떤 징크스를 가지고 있을까? 이들은 단추가 떨어지거나, 유리잔을 깨면 불안하다고 한다. 이런 징크스를 예감하는 꿈이 있는데, 자신의 꿈은 물론이요, 가족이 꾼 꿈도 민감하게 여긴다. 혹시라도 나쁜 꿈을 꾸면, 이를 알리고 비행 제외 허가를 받기로 한다.

소변에 관한 얘기도 있다. 비행 전에 격납고 안에 놓인 자신의 항공기 옆이나 뒤에서 소변을 보는 조종사도 있다고 한다. 이렇게 하는 이유는 지상에 자신의 혼적을 남겨야 무사히 귀환한다는 믿음 때문이다. 또 기도하거나, 비행 장갑을 거꾸로 끼거나, 담배를 피우거나, 항공기를 쓰다듬거나, 가족에게 전화하는 등의 행동으로 심신의 안정을 취한다고 한다.

4장
파일럿에게 어떤 미래가 펼쳐질까?

4차 산업 혁명과
파일럿

4차 산업 혁명이란 인공지능(AI), 로봇기술, 생명과학, 빅데이터 등의 첨단 정보통신기술이 사회에 영향을 끼쳐 막대한 변화가 생기는 차세대 산업 혁명을 말한다. 의학과 산업 전반에서 다양한 용도로 쓰이는 로봇기술, 패스트푸드점이나 식당, 대형마트에서 쉽게 만나는 무인 주문 시스템, 자율주행차, 인간의 두뇌를 이긴 알파고 등 이 모든 것은 4차 산업 혁명의 산물이다.

처음 4차 산업 혁명이란 용어가 등장한 건 2016년 1월에 열린 다보스포럼에서였다. 4차 산업 혁명을 주요 의제로 정했는데, 그 이후로 전 세계는 본격적으로 4차 산업 혁명에 대해 진지한 논의와 연구를 시작했다. 4차 산업 혁명은 이미 우리 생활에 깊이 자리 잡고 있다. 무인 주문 시스템인 키오스크 앞에서 물건값을 계산하고, 무인 비행장치인 드론을 조종하고, 자율주행 자동차를 타고 이동할 정도의 환경이 조성되었다.

조종사는 앞으로 다가올 4차 산업 혁명과 어떤 관련이 있을까? 조종사도 사라지는 직업 중에 하나가 아닐까? 혹시 인공지능에 일자리를 빼앗기게 되는 건 아닐까? 4차 산업 혁명 시대에 조종사의 직업 전망에 대해 살펴보자.

인공지능 무인기와 자율주행 자동차

"여객기도 무인조종 시대 온다."(뉴스위크 한국판)

"보잉 '조종사 없는 여객기' 연구개발 시작."(연합뉴스)

"파일럿 없는 비행기 택시 시대 오나… 보잉, 시범 비행 성공"(머니투데이)

기사 제목만 보면, 당장이라도 무인 항공기 시대가 열려서 조종사라는 직업의 종말이 다가올 것만 같은 분위기이다. 혹시라도 기사 제목을 보고 조종사의 꿈을 포기해야겠다고 생각한다면 그런 고민은 아직 이르다. 인공지능 항공기가 실용화될 날은 아직 아무도 모른다. 예측이 불가능한 정도이다.

눈부신 기술의 발전 때문에 수많은 직업이 사라질 위기에 처해 있다고들 하는데 어째서 조종사만 괜찮다고 하는지 이유를 묻는다면, 그것은 '신뢰'와 '사회적인 합의' 때문이다. 기술적인 면은 곧 어느 정도의 목표를 이룰 게 확실해 보인다. 그러나 아무리 기술이 월등하다고 해도 사람에게 깊은 신뢰를 주지 못한다면 승객을 싣지 못한다. 그래서 인공지능 항공기는 승객을 태운 여객기로서 비행할 날을 아무도 장담하지 못한다. 몇십 년 후, 아니면 더 먼 미래일지 모른다.

이해가 빠르도록 자율주행 자동차를 예로 들겠다. 자율주행 자동차가 나올 때만 해도 곧 실용화될 것처럼 언론은 떠들썩했다. 운전자 없이도 차가 스스로 움직이고, 장애물을 저절로 피해 간다니? 마치 영화에서나 볼 법한 모습에 사람들은 흥분했다. 그러나 시험 주행하는 과정에서 사고가 나고 말았다. 자전거를 끌고 가던 여성을 치고, 고속도로 중앙분리대를 들이받고 추돌사고를 내서 운전자가 사망했다. 사람들의 기대는 순식간에 염려로 바뀌었다.

항공기 내의 인공지능

이제 항공기를 살펴보자. 그럼 항공기에서 쓰는 인공지능은 무엇일까? 눈치 빠른 사람은 인공지능이란 말이 나오자마자 자동 조종 장치를 떠올렸을 것이다. 맞다! 항공기의 인공지능 기능은 바로 자동 항법 장치인 오토파일럿(Auto Pilot)이다.

자동 항법 장치의 최대 장점은 조종사가 항공기를 직접 조종하지 않아도 된다는 점이다. 단, 사전 준비는 필요하다. 그 사전 준비란 조종사가 이륙 전에 방향, 고도, 속도, 비행기 자세 등의 정보를 입력하는 것이다. 그러면 자동 항법 장치는 충실히 명령을 따라서 목적지를 향해 날아간다.

순항고도에서 오토파일럿이 항공기를 조종하면, 그 시간

동안 조종사는 무엇을 하는 걸까? 여유로운 시간을 보내거나 잠을 잔다고 생각할지도 모른다. 하지만 대부분의 조종사는 본분을 지키며 책임을 다한다. 그 책임이란 자동 항법 장치를 감시하면서 혹시 생길지 모를 비상사태에 대비하는 것이다. 비상사태에는 갑작스러운 대기 변화와 난기류 등이 포함되지만, 자동 항법 장치의 오작동도 빠질 수 없다.

2019년 3월 10일에 일어난 에티오피아 여객기의 추락 원인은 자동 항법 장치의 오작동 때문이라는 결론이 나왔다. 승객 157명 전원이 사망한 에티오피아 여객기는 보잉 737 맥스 8 기종이었다.

이처럼 조종사는 예기치 못한 위험에 대비하기 위해서 만반의 준비를 해야 한다. 운항이 순조로워 보여도 살얼음판을 걷는 것처럼 조심스러운 이유가 바로 여기에 있다.

조종사의 미래

미국 노동 통계청이 한 조사에서 인공지능과 조종사에 관련된 항목이 있었다. 인공지능의 영향으로 타격을 입은 직업은 항공기 조종사, 의사, 과학자 등이라는 사실이다. 조사는 2010년에서 2016년 사이에 나온 결과인데, 앞에서 살펴본 자동 조종 장치를 보면 그럴 수도 있겠다는 생각이 든다. 미국 노동 통계청 자료만 놓고 본다면, 조종사의 일자리 전망은 암울해 보인다. 그러나 현실로 눈을 돌리면 예상을 깨는 기사가 쏟아진다.

"'중국으로… LCC*로…' 조종사 부족, 정부·항공업계 공동대응."(연합뉴스)

"조종사 부족 사태, 비행기 스톱 위기 온다."(이코노믹리뷰)

"中, 세계 최대 '항공 시장' 성장… 조종사 부족 심화."(KBS뉴스)

"中 항공 수요 급증에 세계 항공업계 '조종사 부족' 골머리"(머니투데이)

이것은 현재 항공업계가 겪는 현실이다. 한쪽에서는 인공지능이 부지런히 개발되고 있고, 한쪽에서는 조종사 부족으로 곤란을 겪고 있다. 왜 이런 것일까? 첫 번째 이유는 중국 항공 시장의 급격한 성장에 따른 결과이다.

2019년 3월 프랑스를 방문한 시진핑 중국 국가 주석은 에어버스 항공기 300대를 구매했다. 언론은 중국이 앞으로도 7,000대 이상의 항공기를 구매할 것으로 예측한다. 당연히 항공기의 숫자만큼 조종사가 필요할 것이다. 중국항공업계의 가파른 성장으로 전 세계 조종사가 중국으로 이동하고 있는 현실이다. 지리적으로 중국과 가까운 우리나라도 직격타를 맞았다. 노련한 기장들이 중국으로 대거 빠져나가자 계약직 외국인 조종사를 기장으로 데려오는 등 여러 방안을 추진하고 있다. 그래서 조종사의 정년 연장 문제가 대두되고 있다.

• LCC(Low Cost Carrier)란 저비용 항공사를 뜻한다.

두 번째 이유는 저비용 항공사의 급증이다. 우리나라 항공사는 대한항공과 아시아나항공 두 축으로 운영이 되어 왔었다. 그러나 저비용 항공사의 등장으로 항공기를 조종해야 할 조종사가 많이 필요해졌다.

여러분은 이와 같은 상황을 어떻게 바라보는지 궁금하다. 언젠가는 인공지능 무인기가 다니는 환경이 조성될지도 모른다. 항공기 제작사와 거대 기업의 입장에서는 첨단기술을 자랑하는 인공지능 개발로 선두자리를 지키고 싶을 거다. 만약 인공지능 무인기가 현실화되면 항공업계는 부족한 조종사와 인건비로 더는 골머리를 앓지 않아도 되기 때문이다.

반면에 일자리를 지켜야 하는 근로자의 입장에선 끔찍한 일이다. 인공지능으로 인해 생계가 위협되므로 반가울 리가 없다. 앞에서 언급한 '신뢰'와 '사회적인 합의'가 제대로 이루어지지 않는다면, 인공지능 무인기는 뜨지 못할 수도 있다. MIT의 애스모글루 교수는 "인공지능과의 공존이 어려우면, 도입이 늦춰지거나 아예 인공지능 개발을 중단할 수도 있다."라고 말했다. 미래는 어떻게 변할지 모른다.

그렇다면
우리의 선택은?

보잉사는 '2016 조종사 및 항공 기술자 전망 보고서'에서 앞날을 이렇게 예상했다. 2035년까지 조종사 및 항공 기술자에 대한 수요가 150만 명에 이른다는 내용이었다. 유럽, 북미대륙과 남미대륙, 중동, 아프리카, 러시아 등의 나라보다 아시아 태평양 지역의 신규 조종사 수치가 제일 높았다. 총 248,000명으로 항공 기술자나 승무원의 숫자도 높았다.

보잉은 아시아 태평양 지역의 수요가 전 세계의 40%를 차지한다는 전망을 하였다. 중국 항공 산업의 발전과 다른 아시아 지역의 저비용 항공사의 성장이 전망을 밝게 하는 것으로 보인다.

그럼 우리나라 항공업계의 상황은 어떨까? 앞에서도 언급했지만, 조종사 부족으로 곤란을 겪는 중이다. 중국과 중동에서 많은 연봉을 제시해 기장을 데려가므로 늘 인력 부족에 시달린다. 중국과 중동은 왜 다른 나라 기장들을 데려가는 걸까?

그건 훌륭한 조종사가 하루아침에 만들어지지 않기 때문이다. 항공 산업이 폭발적으로 발전한다고 해도 자국 내에 조종사 숫자는 한정적이다. 중국과 중동 시장은 부족한 조종사를 채우기 위해 다른 나라에서 기장을 데려가는 것이다. 어쩌면 위기인 이 상황이 조종사를 준비하는 이들에게는 희망일 수 있다.

다만 높은 비행경력을 요구하는 기준이 부담으로 다가온다. ● 국내 비행 교육 훈련 기관의 비행 교육 시간은 훈련생 한 사람당 170시간 수준이다. 그러나 항공사가 채용 시 요구하는 비행경력은 대한항공 1,000시간, 진에어 500시간, 아시아나항공 300시간, 기타 저비용 항공사는 250시간이다.

파일럿 지망생이 선택하는 길
① 공군사관학교에 입학한다.
② 공군학군단(ROTC)과 공군 조종 장학생으로 지원한다.
③ 항공운항학과를 졸업하고 비행교육원 코스를 밟는다.
④ 국내 항공사 조종훈련생으로 들어간다.
⑤ 외국 비행학교에서 교육을 받는다.

●　넘쳐나는 조종사, 항공사 취업 '하늘의 별 따기', 아주경제, 2015.10.11.

(*자세한 정보는 항공일자리포털의 진로탐색 '조종사가 되는 길'을 참조하길 바란다.)

위의 ①~⑤는 조종사 지망생이 선택하는 길이다. 일찍부터 자신의 꿈을 찾은 청소년이라면 공군사관학교와 예비역 장교 훈련단·조종 특기생의 길을 택하길 바란다. 나라에서 공군이 되도록 지원해 주니 돈 걱정 없이 공부하는 가장 좋은 코스이다. 하지만 장점이 있듯 단점도 있다. 이 과정은 험난하기로 유명하다. 경쟁률이 치열해서 들어가기도 어려울 뿐더러 적응하는 과정도 매우 어렵다. 공군에 입대한다고 해서 모두 조종사가 되는 것도 아니다. 조종사 훈련생이 되면 항공기 운항 관련 각종 면허를 따고, 일정 시간의 비행 경력을 쌓아야 한다. 그래야 항공사 취업이 가능하다.

반대로 성적, 건강, 돈 등의 이유로 조종사가 되지 못했다고 슬퍼할 필요는 없다. 길이 없는 건 아니다.

길이 없다면 만들어서 가라!

도전정신이 뛰어난 조종사 선배들의 이야기를 들어보자. 이들의 공통점은 항공업계와는 전혀 상관없는 대학교를 졸업하고 사회생활을 하다가, 자신의 꿈과 목표를 깨닫고 조종사의 길을 택했다는 점이다.

▶ 조은정 파일럿 - '호텔리어에서 조종사로'

그가 조종사가 되기 위해 찾아간 길은 새로웠다. 호텔리어로 일을 하던 시절 운명처럼 금발의 여성 기장을 만났다. 두 명의 남자 부기장을 데리고 호텔에 들어오는 모습에 반해서 그에게 한 가지 질문을 했다. 바로 조종사가 되는 방법을 물어본 것이다. 그 여성 기장은 자신의 아버지가 공군이어서 공군 안에 있는 '에어로 클럽'에서 비행을 배웠다고 말했다.

조은정 조종사는 형편이 안 되어 국내 항공사의 조종훈련원과 유학 대신 다른 방법을 택했다. 바로 미국 대사관 직원이 되는 것이었다. 미국 대사관 직원이 되면 오산 미 공군기지 안에 있는 '에어로 클럽'에 출입할 수 있으니까 말이다. 여러 번의 시도 끝에 그는 토머스 허버드 주한 미 대사의 비서로 채용됐다.

대사관 직원이 된 그는 오산 미군 '에어로 클럽'을 다니며 비행 교육을 받았다. 그 결과 조종사의 첫 관문인 자가용 면허증을 취득했다. 그 후 미국 플로리다 항공학교로 유학을 갔고, 델타항공 소속의 비행 교관과 중국 비행학교 교관으로 일하며 여객기 조종사로 일할 기회를 얻었다.

▶ 이동진 파일럿 - '도전가, 파일럿 되다'

그는 히말라야 등정, 무전 세계일주, 아마존 정글 마라톤 등 용감한 도전으로 유명한 사람이다. 여기에 일일이 소개하지 못할 정도로 도전한 일이 많다. 건축공학과를 졸업한 그는 어릴 적부터 간절히 바랐던 조종사에 도전했다. 문제는 돈이었다. 미국 비행학교 등록에 필요한 1억 원의 돈이 없었다. 그래서 그는 번뜩이는 아이디어를 낸다. 장학금을 받으며 공부할 수 있다면 조종사에 관련된 영화 제작에 힘쓰겠다는 제안을 한 것이다.

불가능해 보였으나 한 비행학교에서 연락이 왔다. 기적적으로 일이 성사되어 그는 훈련을 받았고 면허증도 땄다. 또 다큐멘터리 〈아이 엠 어 파일럿(I AM A PILOT, 나는 비행기 조종사입니다)〉에 출연했는데, 이 다큐멘터리도 기업의 후원으로 제작하게 되었다. 그를 보면서 여러분도 큰 용기를 얻기 바란다. 이동진 조종사는 '돈이 없어서 안 돼.', '항공운항학과를 나오지 않아서 안 돼.'라며 좌절하거나 포기하지 않았다.

간단히 쓴 소개로 그가 겪은 고통과 어려움을 짐작하기는 어렵지만, 충분히 귀감이 되는 인물이라 생각한다. 믿기지 않겠지만 그는 원래 소심한 성격이었다고 한다. 소심한 성격을 고칠 목적으로 여러 목표에 도전했고, 그 결과 조종사에 도전할 만큼 배포가 큰 성격으로 바뀌었다.

▶ 오현호 파일럿 - '수능 7등급에서 부시 파일럿으로'

그의 삶은 중력을 거스르는 삶이다. 방송 강연에서 스스로 언급했던 말이다. 그에게 잘 어울리는 수식어라고 생각한다. 어릴 적 무기력했던 그는 수능 7등급에서 다시 시작하여 삶의 모습을 바꾸었다. 도전하려고 마음먹은 순간 그의 인생은 거짓말처럼 변했다.

해병대 입대, 스쿠버다이빙 강사, 사하라 사막 마라톤 완주, 히말라야 텐트 피크 등정, 철인 3종 경기 완주, 2002년 월드컵과 수원 국제 연극제에서 영어·불어 통역, 삼성전자 중동 총괄 책임자까지 그의 이력은 화려하다. 그러나 그는 거기에서 멈추지 않고, 아득히 멀어 보이기만 했던 조종사에 도전했다. 그는 30세에 비행학교에 입학했다.

이렇게만 보면 그의 인생은 어려움 없이 술술 풀리기만 한 것처럼 보인다. 하지만 그는 어떤 상황에서도 포기하지 않았고, 그 결과 부시 파일럿이 되었다. 부시 파일럿이란, 알래스카처럼 사람이 많이 살지 않는 깊은 산골을 다니는 조종사를 가리킨다. 부시 파일럿이 되면 물자를 나르거나 긴급한 환자를 이송하는 일을 맡는다.

지금까지 소개한 세 명의 조종사는 불가능한 상황에서도 좌절하지 않고 도전했다. 여러분은 그들 이상으로 가능성과 도전 정신을 가지고 있다.

파일럿도 한 걸음부터 - 정보 익히기

▶ 강연 프로그램

파일럿 되는 길이 막막해 보인다면, 동기를 부여하는 강의 동영상을 보길 추천한다. 특히 파일럿들의 한 마디 한 마디는 어떤 누구의 말보다 여러분의 가슴을 울릴 것이다.

오현호 부시 파일럿의 '내가 산, 바다, 하늘에서 배운 것들'

(세상을 바꾸는 시간 15분, 623회), 이동진 파일럿의 '선택이 길을 만든다'(세상을 바꾸는 시간 15분, 819회)는 잠자는 우리의 도전 정신을 깨우는 데 도움이 된다.

▶ 유튜브 채널

'날아가유(Gonna Fly Now)'는 실제 경비행기를 조종하는 모습과 비행 상식을 보여준다. '다큐9분'은 역대 항공기 사고를 흥미롭게 소개한다. 다큐멘터리 영상으로 조종실을 바로 옆에서 지켜보는 듯한 느낌이 든다. '오현호 HYUNHO'는 오현호 부시 파일럿의 도전하는 삶을 통해 큰 교훈을 얻을 수 있다. '비행여행자 수지(flywithsuji)'는 비행기, 파일럿, 항공 유학에 관한 정보를 공유한다.

▶ 신문 연재 기사

'두바이 파일럿 도전기'는 'Flying J'라는 필명을 쓰는 30대 직장인인 기자가 사표를 내고 조종사에 도전하는 내용으로, 매일경제신문에 연재된 기사이다. 파일럿에게 꼭 필요한 항공 정보, 파일럿 훈련생으로서 어떤 기분을 느끼며 공부하는지 자세히 알려준다. 두바이 비행학교에서 공부하며 살아가는 내용도 다루고 있다.

▶ 도서

나카무라 간지가 쓴 《비행기 구조 교과서》는 조종사가 항공기를 어떻게 조종하는지 알려준다. 출발 준비부터 이륙·순항·하강·착륙 등의 정보를 조종사 입장에서 얘기한다. 같은 사람이 쓴 《비행기 조종 교과서》는 항공기의 비행 원리와 구조를 알려준다. 양력의 발생 구조와 관성항법 장치에 대해서도 자세히 소개한다.

플랜B,
제2의 길을 찾아라

사람들은 저마다 어린 시절부터 소중히 간직해 온 꿈이 있다. 꿈이 여러 차례 바뀐 사람도 있고, 오랫동안 한 가지 꿈을 꾼 사람도 있다. 우리가 어떤 직업을 꿈으로 정할 때는 강렬한 첫인상이 작용하기 마련이다. 마치 운명의 상대를 만난 것처럼 말이다. 예를 들어, 김연아 선수의 아름다운 피겨 스케이팅 장면이나, 축구선수 박지성, 손흥민의 멋진 골 장면을 보고 운동선수가 되기로 하는 것과 같다.

사람이 가장 아름다울 때는 자기 일에 몰두하는 순간이다. 어떤 꿈나무가 조종사를 운명의 직업으로 결정하는 것도 이와 같은 이치이다. 조종사가 등장하는 영상을 보고, '와~ 멋있다! 나도 저 사람처럼 되고 싶어!'라고 하면서 가슴이 벅차오를 때 그 꿈에 한 발짝 다가가는 것이다. 드물지만 부모님이 조종사라서 자연스레 조종사의 꿈을 꾸기도 한다.

이런 강렬한 첫인상을 잘 간직하고 미래의 꿈을 위해 차근차근 준비한다면, 꿈을 향한 첫 발을 내딛는 것이다.

상상과 현실의 차이

좋아하는 일을 상상하는 것과 실제로 하는 것은 다르다. 이는 사회에 나가 직접 경험해 보아야 알 수 있는 것이다. 더 빠르게 느끼는 사람은 대학에서 학과 공부를 하면서 경험한다. 엄격한 훈련과 공부에 지치기도 하고, 수시로 생기는 긴장감에 적응하지 못하기도 한다. 또는 조종사가 자신이 생각했던 직업과는 거리가 먼 일임을 깨닫기도 한다. 안타깝게도 건강상의 문제로 도중에 하차하는 사람도 있다.

어떤 일을 실행하기 위해 가장 중요하고 효과적인 계획을 '플랜A'라고 한다. 그런데 이 계획을 실행하다 보면 여러 이유로 실패할 수도 있다. 좌절을 경험하거나 현실적 어려움을 만났을 때 제2의 길을 찾는 방법이 있다. 바로 '플랜B'이다.

가장 먼저 해야 할 일은 잠시 머리를 식히고, 자신의 적성과 흥미에 맞는 일이 무엇인지 알아봐야 한다. 그리고 스스로 질문을 해야 한다. 첫째, 조종사를 아직도 좋아하는가? 둘째, 조종사는 아니더라도, 항공 관련 일을 하고 싶은가?

첫째 질문에 대한 답이 'Yes'라면 포기하지 말고 끝까지 도전해 보길 바란다. 둘째 질문에 대한 선택은 'Yes' 또는 'No'이다. 만약 'Yes'로 답을 정했다면 더는 망설일 필요가 없다. 어서 항공 관련 직종을 찾아보자.

항공교통관제사

항공교통관제사는 하늘길을 정리하고 관리하는 교통경찰이다. 더 정확히는 오케스트라의 지휘자 같은 역할이라고 보면 된다. 자동차 운전자는 교통표지판과 신호등의 신호를 보며 운전한다. 하지만 하늘길에는 교통표지판과 신호기가 없다. 그 역할을 대신해 주는 것이 항공교통관제사이다.

이들이 하는 일은 항공기의 안전한 이륙과 착륙을 돕는 것이다. 활주로 상황과 기상 상태에 대한 정보를 숙지하고, 항공기 목적지와 항공기 상태, 연료량 등에 대해서도 놓치지 않고 주목하는 주의력이 필요하다. 만약 항공기가 비상상황을 만나면 항공교통관제사는 비상 착륙할 다른 공항과 비상활주로를 알려줘야 한다. 그리고 다른 항공기의 순서를 조종해 해당 항공기가 무사히 착륙하도록 돕는 일을 맡는다.

항공교통관제사는 어떤 사람에게 적합할까? 기본적으로 항공기와 항공 업계에 관심이 많은 사람이 좋다. 주의력과 집중력이 좋고, 영어 실력이 있어야 한다. 그리고 빠른 상황파악 능력과 대처 능력을 겸비해야 한다. 다양한 기기를 활용하며 소통하는 데 익숙한 사람이 좋다.

국토교통부 지정 항공교통관제사과정 교육기관으로는 항공교통관제교육원(항공대 부설), 한서대학교 비행교육원, 항공기술교육원(한국 공항공사 부설), 항공교통관제사 교육원(공군교육사)이 있다. 항공교통관제사가 되기 위해서는 교통안전공단에서 시행하는 '항공교통관제사 자격증'을 따야 한다.

운항관리사

운항관리사는 지상의 조종사다. 무엇 때문에 이렇게 부르는 걸까? 운항관리사는 조종사 못지않은 큰 역할을 하기 때문이다. 이들은 지상에서 항공기를 관리하며 조종사가 어려움 없이 항공기를 운항하도록 철저히 뒷받침해주는 역할을 한다. 항공기가 최적의 상태로 비행하도록 연료량을 계산하고, 기상과 항공기 상태에 따른 지연과 결항, 운항을 직접 결정한다.

운항관리사가 주로 하는 업무는 비행계획서 작성과 항공기 운항 통제이다. 한 대의 항공기가 이륙하기 위해서는 시시각각 변하는 기상 상황을 관찰해야 한다. 그리고 항공기 기종의 특징, 승객 인원, 화물의 무게를 면밀히 계산해야 한다. 이는 항공기 연료량을 위해서인데, 연료가 적게 들어가도 안 되고 많이 들어가서도 안 된다. 적게 들어가면 착륙할 공항까지 가기 어렵고, 많이 들어가면 항공기가 무거워져서 연료 소모량이 늘어나 항공사의 경영 부담으로 이어지기 때문이다. 운항관리사는 효율적인 비행계획서가 작성되면 기장과 브리핑을 통해 합의하고, 최종적으로 비행계획서를 발표한다.

운항관리사는 어떤 사람에게 적합할까? 항공업계에 대한 이해력이 높아야 한다. 단순히 취미로 항공기를 좋아했어도 괜찮다. 중요한 건 항공업계의 흐름을 얼마나 깊이 이해하느냐. 운항관리사는 꼼꼼함과 순발력, 정확한 판단력이 필요하다. 그리고 세계 여러 항공 관계자와 통화를 해야 하므로 외국어 능력이 있어야 한다.

관련 교육기관과 학과는 특별히 제한을 두지 않는다. 그러나 항공 분야 전공자를 우대하며, 4년제 대학 졸업 이상 또는 이에 준하는 학력을 갖춘 자만 선발하는 특징이 있다. 그 밖에 외국어 능력과 기상 지식이 뛰어나면 취업에 유리하다. 운항관리사가 되기 위해서는 '항공운항관리사 자격증'을 따야 한다.

항공기 정비사

항공기 정비사는 항공기의 성능을 점검하고, 고장을 수리하는 일을 한다. 그래서 항공기의 안전운항을 위해 필요한 인력이다. 만약 항공기 정비사가 없다면 어떤 일이 벌어질까? 항공기는 조금도 움직이지 못할 것이다. 항공기의 안전이 보장되지 않으니 아무도 항공기를 타려고 하지 않을 것이기 때문이다. 움직인다고 해도 안전은 장담하지 못한다.

항공기 정비사가 하는 일을 잘 모르겠다면, 자동차 정비사가 하는 일을 떠올려 보자. 자동차 정비소에서 바퀴, 엔진 등의 정비를 받는 차들을 생각하면 어느 정도 이해가 될 거다. 자동차보다 규모가 훨씬 거대한 항공기이므로 항공기 정비사가 정비할 범위와 업무 또한 세분화된다. 항공기 정비는 크게 운항정비와 공장정비로 구분된다. 항공기가 막 착륙을 마치고 들어왔을 때, 항공기 동체를 서둘러 확인한다. 그리고 일정 시간 동안 비행한 항공기에 정기적인 정비가 필요할 때

항공기를 격납고에서 수리하는 일을 한다.

항공기 정비사는 어떤 사람에게 적합할까? 인내심을 갖고, 끈질기게 도전하는 사람에게 적합하다. 우직하게 한 길로 가면서 자신의 실력을 키우기 위해 노력하는 자세를 지녀야 한다. 학력보다는 경력이 중요시되며 외국어 실력이 있어야 한다. 항공기 정비 말고도 항공기 제작 분야에 관심이 있다면, 항공공학 기술자의 길을 택하는 것도 하나의 방법이다.

국토교통부 지정 항공정비사 과정을 운영하는 곳은 항공기술교육원(한서대부설), 한국폴리텍항공대학, 항공기술교육원(대한항공), 정비직업훈련원(아시아나항공), 한서항공직업 전문학교 등 총 17개 기관이다.

항공기 정비사로 취직하려면 국토교통부에서 발행하는 '항공정비사 면허'가 있어야 한다. '항공정비사 면허'를 취득하기 위해서는 일정 기간의 경력이 있어야만 시험에 응시할 자격이 주어진다.

드론 조종사

드론(drone)은 무선조종으로 움직이는 무인비행기를 말한다. 처음에 군사용으로 개발되었지만, 그 쓰임새가 혁신적이어서 여러 분야에 적용되기 시작했다. 이제 드론은 국가와 기업에 이어서 개인까지 누구나 자유롭게 이용할 수 있게 되었다. 드론 조종사가 하는 일은 무엇일까? 생각보다 다양하다. 촬영, 보안, 감시, 방재, 농업, 레저스포츠, 행사 참여, 인명구조, 운송 등의 목적으로 드론을 조종한다.

우리나라에서 드론이 가장 화제가 된 계기는 2018년 평창 올림픽에서였다. 드론 1,218대가 화려한 개막식을 연출하며 사람들의 이목을 끌었다. 드론은 스노보드를 타는 사람이 되었다가 오륜기로 변하며 마치 CG를 보는 듯한 느낌을 주었다. 이 장면을 보며 드론 개발과 드론 조종사에 대해 호기심을 가진 청소년들이 많았으리라 본다.

정부는 2017년 12월 22일에 '드론 산업 발전 기본계획'●을 발표했다. 5년 동안 3,700여 대, 3,500억 원 규모의 드론 시장을 창출해서 각종 시설관리와 자원관리, 실종자를 찾거나 재난 등이 일어날 때 사용할 계획이라고 한다. 예정대로라면 일자리가 늘어나고, 전문적인 솜씨를 지닌 드론 조종사가 여기저기서 환영받는 분위기가 조성될 것이다.

드론 조종사는 어떤 사람에게 적합할까? 예를 들어 촬영 분야라면 미적 감각이 있는 사람이 좋다. 작품을 찍을 때 못난 영상보다 아름답고 독특하게 찍는 예술가가 인정받는 것과도 같다. 업무가 틀에 얽매여 있지 않기에, 창조적인 도전 정신을 가지고 일하는 자세가 필요하다. 꼭 필요한 점을 짚고 넘어가자면, 올바른 가치관과 인성을 지녀야 한다. 사생활 침해와 안보 등의 문제를 일으킬 수 있어서다.

●　드론 자격증은 김건모의 노후를 정말 보장해줄까, 한겨레, 2017.12.24.

국토교통부 지정 경량항공기 조종사과정은 동해기계 비행학교, 영암비행 교육원, 합천 에어랜드항공, 성우 항공비행교육원, 하늘누리 경량비행학교가 있다.

자격증은 '초경량비행장치(드론) 조종자격증'이 있다. 도로교통공단에서 무인비행 장치 조종 자격제도(항공법)가 시행되어 12kg 초과 150kg 이하의 무인비행 장치(드론)를 이용하여 사용 사업(방제사업, 항공촬영 등)을 하는 조종자는 반드시 국가 자격을 취득해야 한다.*

●　국토교통부의 항공 일자리 포털 참조. www.air-works.kr

직업을 통해
얻는 가치

평범하지만 위대한 일

안전운항은 모든 조종사의 목표이자 소망이다. 운항의 주된 목적은 처음부터 끝까지 안전에 맞춰져 있다. 승객이 편안히 항공기에 몸을 싣고, 즐거운 여행과 출장을 오갈 수 있는 것은 항공기의 안전성 때문이다. 지상에서 다니는 자동차는 크고 작은 교통사고가 끊이지 않는다. 교통사고가 잦으니 교통사고 안내판으로 하루 사망과 부상자까지 안내받는 수준이다. 그러나 항공기는 비교적 안전교통 수단으로써 승객에게 신뢰를 얻고 있다.

승객의 안전이 보장받는 것은 어떻게 보면 당연한 것처럼 보인다. 그렇지만 이는 결코 당연한 일이 아니다. 대형버스의 운전자, 기차의 차장, 선박의 선장, 항공기의 기장. 이들의 어깨에 놓인 보이지 않는 책임감을 주목해 보길 바란다. 승객의 안전을 지키는 일은 단순한 업무의 차원을 뛰어넘는다. 왜냐하면 생명을 지키느냐, 못 지키느냐에 따라서 조종사의 명예와 생명이 왔다 갔다 하기 때문이다.

'기적의 착륙'이라 불린 항공기 사고가 있었다. 1988년 4월 28일, 하와이 알로하항공 243편보잉 737은 탑승자 95명을 태우고 하와이섬 할로공항에서 이륙했다. 날씨도 좋았고, 비행도 다른 날과 다를 게 없는 평범한 하루였다. 항공기가 고도 7.3km 상공에 이르렀을 때, 상상치도 못한 일이 벌어졌다. 항공기 동체가 종이처럼 처참하게 찢어진 것이다. 일등석에 위치한 천장과 벽면은 순식간에 사라지고 말았다.

이 과정에서 여성 승무원이 바깥으로 빨려 나가 실종됐다. 다행히 승객들은 모두 안전벨트를 매고 있어서 화를 면했으나 동체가 파괴되며 크고 작은 상처를 입었다. 기장과 부기장은 엄청난 소음과 연락 두절 등으로 고생하다가 어렵게 관제탑과 연락해 비상상황임을 알리고 비상착륙을 시도했다. 지상에서 착륙을 목격한 전문가에 따르면, 동체가 반으로 쪼개질 위험이 있었다고 한다. 천장과 벽면이 사라진 항공기가 착륙한다는 것은 기적과도 같은 일이었다. 우여곡절 끝에 여객기는 무사히 착륙했다.

조사 결과 알로하항공 243편은 19년이나 된 노후 항공기였다. 여기에 정비 불량과 금속피로라는 원인이 결합하여 사고가 일어났다. 항공기 사고는 대게 최악의 상황으로 끝나는 경우가 많아서 더 안타깝다. 그러나 알로하항공 243편은 희망과 감동으로 다가온다. 마지막까지 포기하지 않은 조종사가 이끈 생명의 기적 말이다. 인터넷에서 알로하항공 243편이 착륙한 당시의 사진을 찾아볼 수 있다. 사진을 보면 어떻게 그런 상태로 무사히 착륙했는지 의문이 든다.

여기에는 절대 잊지 말아야 할 게 있다. 바로 조종사의 공로다. 마지막까지 포기하지 않고 조종에 임하는 일은 아무나 하지 못한다. 깊은 헌신이다. 가장 위대한 가치라고 평가할 만한 일이다.

기회의 직업

조종사란 직업은 진입장벽이 높다. 똑똑한 머리(공부), 좋은 시력과 체력, 비싼 훈련비 등이 부담스럽게 다가와서다. 사람들은 까다로운 조건에 '나는 해도 안 되겠구나!'라며 포기한다. 순간 자신을 과소평가해 버린다.

사람들은 여러 경험을 하며 적성에 맞는 직업을 찾는다. 일의 만족도가 큰 사람도 있고, 아닌 사람도 있다. 일을 잘하려고 치열한 삶을 살던 사람들은 어느 날 문득 깨닫는다. 자신의 마음속에 지워지지 않는 꿈이 있다는 걸 말이다. 평범한 직장인으로 각자의 위치에서 열심히 살던 사람도 한 번쯤 자기 꿈과 그 가치를 고민한다.

조종사로서 제2의 인생을 사는 이들의 인터뷰를 보면 공통점이 나온다. 남들보다 뒤늦게 시작했지만, 용기를 갖고 도전했다는 점이다. 용기에 관한 이야기가 하나 더 있다. 과거에는 조종사라는 직업을 남성들의 전유물로 보았다. 마치 금단의 영역처럼 선이 그어져 있었다. 그러나 도전을 두려워하지 않은 용기 있는 여성들이 지원했고, 꾸준한 노력 끝에 지금은 상당수의 여성 조종사들이 생겨났다.

조종사란 직업은 아무에게나 주워지는 기회가 아니다. 오직 용기 있는 자들만이 쟁취하는 도전적인 직업이다. 그러니 여러분도 지레 겁먹고 포기하지 않기 바란다. 시도도 해보지 않고 포기한다면 두고두고 후회로 남는다. "돈이 없어서 걱정이에요."라고 한다면, 앞에서 소개한 공군사관학교나 조종특기생 제도와 예비 조종사를 위한 장학제도를 알아보길 바란다. 그래도 어렵다면 제2의 인생을 사는 선배들처럼 사회생활을 하며 필요한 자금을 모아 조금 늦게 도전해도 된다.

잠재력이 큰 직업

지금까지 살펴본 조종사의 장점은 빙산의 일각과도 같다. 보이는 면만 봐도 그 존재감이 큰데, 숨겨진 부분은 더 굉장하다는 뜻이다. 바로 이 직업이 품은 잠재력 때문이다. 아무리 다른 직업을 찾아봐도 조종사보다 잠재력이 큰 직업은 없다. 그 이유를 찬찬히 풀어보겠다.

만약 여러분이 기장이나 부기장이 된다면 이는 세계 어느 항공사에 가서도 근무할 수 있다는 뜻이다. 다양한 문화 속에서 여러 나라 사람들과 일하는 즐거움을 바라는 사람이라면 큰 매력으로 다가올 것이다. 떠오르는 항공시장인 중국이

나 중동 등 그 어디에서도 일할 자유가 주어진다니 신의 직장이 따로 없다.

그다음으로 좋은 건 '자기계발 시간'이 충분하다는 점이다. 조종사는 근무 여건이 좋다. 비행 근무시간이 법적으로 정해져 있어서 일정 시간을 일하고 나면 선물과 같은 시간이 주어진다. 국토교통부가 조사한 항공사 '비행 근무시간 특별점검'을 보면, 조종사들의 평균 승무 시간은 월 68.6시간이다. 법적 상한 승무 시간이 28일 기준으로 100시간으로 규정됐지만, 조종사들은 법정 상한 대비 63% 수준으로만 근무를 한다.●

근무 여건이 좋지 않은 직업은 꿈도 꾸지 못하는 조건이다. 조종사는 이 시간을 잘만 이용하면 무엇이든 할 수 있다. 취미생활이든 제2의 직업 준비든 말이다. 어떤 조종사는 건축 기술을 배워 전문 건축업자 못지않은 실력으로 집을 짓기도 하고, 또 박사과정을 취득하거나, 봉사 차원에서 세상을 떠난 이들을 위해 장례 서비스를 하기도 한다.

일반 회사원은 정년이 되기도 전에 해고될 상황을 수시로 맞는다. 조종사가 된다면 이런 걱정은 없다. 양성하기 어려운 조종사를 홀대하는 항공사는 없기 때문이다. 조종사의 큰

● [귀하신 몸 '조종사'] 대우·근무 여건은? … 평균 연봉 1억 5,000여 만 원, 주 25시간 넘지 않아, 뉴시스, 2018

장점 중의 하나는 은퇴 후에도 일할 기회를 얻는다는 데 있다. 다른 직종에서 일하는 사람들은 은퇴하면 인생이 저무는 것과 같은 경험을 한다. 그도 그럴 것이 은퇴 후에 제대로 된 일자리를 찾는 것이 하늘의 별 따기처럼 힘들기 때문이다. 일터는 새로운 젊은 인력이 필요한 곳이다. 씁쓸하지만 나이 든 사람은 뒤로 물러나 젊은이들이 하지 않는 일을 하게 된다.

조종사는 베테랑이다. 베테랑은 한 분야의 일을 오랫동안 하며, 그 일에 관한 지식이나 기능이 뛰어난 사람을 가리킨다. 비단 조종사뿐만 아니라 특별한 기술을 지닌 직업은 모두 마찬가지다. 예를 들면, 무형 문화재로 지정되어 전통의 맥을 이어가는 예술가가 여기에 속한다. 특별한 기술을 지닌 이들은 나이에 크게 영향을 받지 않는다. 비록 기력이 예전과 같지 않고 허리는 굽어도, 멋진 작품을 만들어낸다면 기회는 계속 주어진다. 왜냐하면 그는 베테랑이자 장인이기 때문이다.

조종사도 마찬가지다. 조종사는 은퇴 후에도 매우 유용한 직업이다. 치열한 통과의례를 거쳐 왔기에 사회 구성원은 조종사에게서 남다른 배움과 교훈을 듣고 싶어 한다. 그래서 후배양성은 물론이요, 항공사 임원으로 일할 기회를 얻는다. 만약 가르치는 일을 보람으로 여긴다면 후배를 양성하는 시험관 혹은 교관의 일을 택한다. 회사의 일원이 되고 싶다면 항공사 임원으로 취업할 수도 있다.

조종사는 높은 수준의 항공 지식과 경험을 지녔기 때문에 전문 상담가의 위치에서 남들을 돕고 조언하는 일도 가능하다. 항공사 창업이나 컨설팅이 바로 그것인데, 만약 남을 돕는 일이 성에 차지 않는다면 스스로 항공사나 항공 컨설팅 업체를 차릴 수도 있다. 사람들은 항공사라고 하면 대형 항공사를 떠올리지만 작은 규모와 자본으로 시작할 수도 있다.

앞에서 소개했던 이동진 조종사의 꿈은 작은 항공사를 세우는 것이라고 한다. 6인용 비행기 1대, 파일럿 2명 규모로 시작할 예정인데, 소수 VIP에게 맞춤형 비행 서비스를 제공할 계획이라고 한다. 또 당장은 아니어도 미국에 비행학교를 설립할 꿈도 꾸고 있다.

오현호 부시 파일럿의 목표는 무엇일까? 그는 사회적 약자들에게 희망을 선물하는 꿈을 갖고 있다. 비행기 조종석에 앉기 어려운 장애인, 암 환자, 청소년들을 옆자리에 태워서 최장 거리 세계 일주에 도전하려는 꿈이다.

'설리'라는 애칭으로 유명한 체슬리 설렌버거는 '허드슨 강의 기적' 이후 퇴직해 안전 컨설팅 회사인 SRM (Safety Reliability Methods, Inc.)의 대표를 맡고 있다. 또한 CBS 방송국의 항공안전 전문가로도 활동했다. 그 밖에도 작가로서 책을 내고, 세계를 돌며 항공 안전에 관한 강연을 하기도 한다.

영화로 만나는 파일럿

❶ 여객기 조종사를 꿈꾸는 청소년에게

▶ 해피 플라이트(Happy Flight)

여객기 조종사를 꿈꾸는 이들에게 교과서 같은 영화다. 평소 기장과 부기장이 하는 일이 궁금했다면, 이 영화를 보기 바란다. 시뮬레이션 훈련, 기장과 부기장이 출근해서 사무실에서 하는 일과 이륙 전에 항공기 안팎에서 하는 일, 항공기 이륙과 착륙 시에 조종사가 콕핏에서 하는 행동까지 빠짐없이 나온다. 조류 충돌 사고는 영화의 극적 긴장감을 끌어 올리는 데 주요한 역할을 한다. 기상이 나쁜 상황에서 비상착륙을 하는 과정까지 세세하게 담았다.

〈해피 플라이트〉에는 스튜어디스, 항공교통관제사, 항공정비사 등의 다양한 항공 종사자들이 등장해 자신의 본분을 훌륭히 수행해낸다. 잔잔한 감동이 뒤따르는 영화다. 할리우

드 재난 영화처럼 화려하거나 스릴이 넘치지는 않는다. 대신 현실적인 이야기가 소소한 재미와 감동을 준다.

▶ 설리, 허드슨강의 기적(SULLY)

2009년 1월 15일 일어났던 항공기 사고를 바탕으로 제작한 영화다. 조류 충돌(버드 스트라이크)로 양쪽 엔진을 잃은 US항공 1549편 여객기가 뉴욕 허드슨강에 불시착한 사건을 배경으로 했다. 탑승자 155명이 안전하게 구조되어 더 놀라웠던 실화다.

〈월스트리스저널〉은 여객기 역사 50년 동안 인명 피해 없이 물 위에 항공기를 착륙시킨 예는 처음이라고 평가했다. 설리 기장은 이 사건으로 영웅이 되었다. 그러나 설리 기장은 자기 일을 했을 뿐이며 자신은 영웅이 아니라고 말했다. 설리 기장의 경력을 덧붙이자면, 그는 전투기 조종사 출신이자 US에어웨이 조종사로, 42년 경력을 가진 전문가이다.

이 영화는 여객기 기장의 책임감을 보여주는 영화이다. 더불어 조종사가 왜 필요한지 알려준다.

❷ 공군 조종사를 꿈꾸는 청소년에게

▶ 탑건(Top Gun)

〈탑건〉은 최정예 전투기 조종사를 꿈꾸는 젊은이의 패기를 멋지게 그린 영화다. 1986년 〈탑건〉이 개봉하자 영화의 배경이 된 미 해군의 지원율이 500% 증가하는 놀라운 결과

를 낳았다. 주인공 톰 크루즈가 몰던 F-14 톰캣 전투기가 주
목받고, 항공 점퍼, 선글라스, 오토바이까지 덩달아 인기를
끌었다.

이 영화의 특징은 감각적인 연출에 있다. 귀를 즐겁게 만
드는 음악, 예쁘고 잘생긴 주인공들, 환상적인 전투 장면과
추격신 등이 들어가 있다. 만약 여러분이 조종사에 대한 꿈
을 꾼다면 영화 〈탑건〉은 그 의지에 불을 붙일 만한 영화가
틀림없다.

1986년 제작했으나 2019년 지금까지 그 인기를 꺾을 만한 항
공 영화는 나오지 않았다. 2020년에 속편이 개봉될 예정이다.

❸ 전쟁의 역사를 공부하는 청소년에게

▶ 덩케르크(Dunkirk)

〈덩케르크〉는 제2차 세계 대전을 소재로 했다. 1940년 독
일군에 쫓긴 40만 명의 연합군이 프랑스 북부의 항구도시인
덩케르트로 모여들었다. 앞에는 바다, 뒤에는 독일군이 공격
을 퍼붓고 있어서 연합군은 피할 곳이 없었다. 프랑스군이 저
지선을 만들어 방어하고 있었으나 역부족이었다. 다급해진
영국은 자국 군인과 연합군을 구출하려 대규모 작전을 세운
다. 바로 다이나모 작전이었다.

문제는 군함의 숫자였다. 적은 군함으로 40만 명을 실어
나르는 건 불가능했다. 당시 영국의 원수는 처칠이었는데, 그
는 선박 징발령을 내린다. 소식을 듣고 여러 선박회사와 자원

한 개개인이 나선다. 화물선, 어선, 개인 요트, 심지어 구명보트까지 작전에 동원된다. 결국 33만 명의 군인이 돌아온다.

❹ 다양한 시각을 길러주는 영화

▶ 레드 바론(Red Baron)

제1차 세계 대전 당시 연합군 전투기 80대를 격추한 전설적인 독일군 조종사에 관한 이야기다. 본명은 만프레트 폰 리히트호펜이고, 붉은 남작으로 유명하다.

▶ 레드 테일스(Red Tails)

제2차 세계 대전에서 폭격기를 호위하는 임무를 수행하는 332 전투비행단의 이야기다. 인종차별을 뛰어넘으려는 흑인 조종사들의 활약이 눈에 띈다.

▶ 멤피스 벨(Memphis Belle)

제2차 세계 대전, 폭격기와 전투비행단에 관한 영화다. 연합군 소속 B-17 폭격기의 마지막 임무를 다룬 젊은이들의 이야기이다.

▶ 진주만(Pearl Harbor)

1941년 12월 7일, 제2차 세계 대전 당시 일본의 전투기가 미군 기지를 기습 공격한다. 이에 대응하는 주인공과 친구, 그리고 사랑에 관한 이야기다.